이게 나인 걸

이게 나인 걸

정장림 수필집

좋은수필사

작가의 글

첫 번째 수필집을 발행한 지가 만 5년이 흘렀다. 그동안에 시집2권을 발행하고 야생화를 기르며 유치원 어린이들에게 동화도 들려주고 마술도 보여주며 시간 나면 봉사도 하고 여기까지 정말 바쁘게 흘러왔다.

남들이 들으면 노인네가 무어 그리 바쁘냐고 반문할지도 모르지만 하루 종일 종종대며 24시간이 늘 바쁘게 넘어가고 누구나 공감하는 글을 쓰려고 많은 노력을 아끼지 않았지만 살아온 길 돌아보면 깊은 물을 건너보지 않았고 넓은 세상 경험하지 못해 사회면이나 문화면에서는 부족할지 모르지만 가정 내에서 일어나는 잔잔한 이야기가 독자들의 가슴을 시리게 하는 글이 되지 않을까! 하는 생각을 해봅니다.

이 글을 읽는 독자가 나라면 이런 땐 이렇게 하지 않았을까 하고 비교할 수 있는 글이 되고 작가의 글 속에서 독자들이 가져갈 게 있었으면 좋겠다는 생각을 해봅니다.

굳은 각오가 있었기에 틈틈이 적은 글이 한 권의 책을 엮을 분량이 되어 서툴고 감동적인 글이 못되지만 살다 보면 생활 속에서 울고 웃는 일이 기쁨이나 스트레스로 다가올 때 글로 표현하게 되었던 것 같습니다.

요즘 은퇴를 하고 나이 들면 한적한 농촌에 묻혀 자급자족하며 자서전 한 권 내는 게 꿈인 젊은이들도 늘어가고 단조롭고 숨막히는 아파트를 벗어나 단독주택에서 자기만의 꿈을 가꾸고 싶은 사람들이 늘어나는 추세입니다. 그러고 보면 이런 면에선 작가는 자연스럽게 그 꿈을 다 누리며 살아가고 있어 늘 하느님께 감사를 드립니다.

원고가 쌓이자 책으로 엮을 결심을 하고 보니 살면서 많은 도움을 준 자식들에게 이 기회를 통해서 고맙다는 말 전하며 여러모로 도움을 주신 권숙월 시인과 책을 만들 때마다 성의를 다해 준 좋은수필사 사장님과 직원들에게도 감사를 드립니다.

2015년 8월

정장림

목차

1부

2부

3부

4부

5부

1부

이게 나인 걸

나이가 들면 말수를 줄이고 이해를 하면서 살아가야 된다는데 잠들기 전엔 자식 걱정 내 걱정 다가오지도 않은 것까지 끌어안고 팔자려니 생각하며 살아간다. 식구들 단점을 꼬집어 너는 이것을 고쳐야 되고 너는 무엇이 부족한 것 같다며 지적을 하는 것은 실수 없이 잘 살아가자고 하는 말이지만 받아들이는 자식들은 잘못을 알고 있는지 모르고 있는지 잔소리로 듣는다.

사실은 어려서는 스승도 많고 가르치면 잘 받아들이지만 나이가 차고 성인이 되면 전적으로 자기는 자기가 다스려야 하고 내 스승도 내가 된다. 자신을 스스로 가르치고 잘못을 저지르려 하면 스스로 채찍질을 하며 살아왔다. 때로는 강하게 꾸짖기도 하며 오늘날까지 하루에도 몇 번씩 나를 보살펴 본다.

칠십을 살면서 늦게 자든 일찍 자든 기상 시간은 남들이 곤히 자고 있는 새벽 2-3시인데 사람들은 그때 일어나 무엇을 하냐고 하지만 할 일은 태산이다. 따지고 보면 소득 없는 일 같지만 나에겐 소중한 일이다.

시도 써야 하고 수필도 쓰며 동화도 외워야 하고 메일도 봐야 하고 카페 들어가 좋은 글 있으면 블로그로 옮기기도 하고 사진 찍은 것을 동영상으로 만들어 카페에 올리고 기사도 써야 되고 날이 밝으면 밖으로 나와 정원수 손질도 하고 옮겨 심기도 하며 생태를 관찰하기도 하고 닭 밥도 주어야 한다. 내 나이 70이 넘었지만 140년을 산 것과 같다. 잠을 남들 반밖에 안 잤으니 하는 말이다.

아침을 먹으면 노인복지관에 가서 수업도 받고 탁구도 치고 친구도 만나고 봉사도 하고 하루 해가 짧기만 하다. 내가 잠든 모습을 자식들은 몇 번 본 적이 없을 것 같다. 잠을 몇 시간 자지 않고 일을 해왔지만 계획성 없이 살아서인지 넉넉한 생활은 아니어도 스스로 만족하고 행복했다.

남들처럼 자식들에게 재물을 물려주지도 못했고 좋은 엄마도 못 됐다. 사람은 자기 기준의 잣대로 모든 것을 잰다고 하는데

나 역시 이런 식으로 자식들을 힘들게 했지만 스스로 단점을 고치며 살아가는 것은 쉽지 않았다.

우리 뇌는 좋은 일보다 나쁜 것을 몇 배 더 강하게 인식한다고 한다. 사람의 입은 함정으로 밀어 넣기도 하고 건져 올리기도 한다. 혀는 사람을 베는 칼이라고 하지 않던가! 많은 사람들과 함께하다 보면 조심을 많이 하게 된다. 어느 성인의 말에 사람을 남들이 다 좋아한다고 해서 무조건 나도 좋아하지 말고 잘 살펴보아라, 남들이 다 싫어한다고 해서 싫어하지 말고 잘 살펴보란 말이 있다.

너무 솔직하고 직선적이다 보니 남들과 잘 부딪치게 된다.

말을 하는 입장에서는 쉽게 말을 하지만 듣는 입장에서는 평생 그 말을 가슴에 안고 살아간다는 것을 염두에 두고 말을 한다면 쉽게 남의 말을 하지 않을 것으로 생각한다.

눈 뜨는 순간 주님 상을 쳐다보며 온갖 잡념을 털어버리고 떠나갈 마지막 날을 위해서 지난날의 어리석음을 속죄한다. 사람은 고생고생 살아오다 바지 세 벌만 되면 죽는다는 옛 어른들 말씀이 생각난다. 살만하면 끝나는 게 인생살이다.

인간의 끝이 어디인 줄 알고 살아가는 사람은 아무도 없다. 그래도 희망을 갖고 정상을 향해 가지만 정상이 가까이 오면 힘들기 마련이다. 사람이 정신보다는 몸이 빨리 망가져 해야 할 일을 힘들어 포기해야 할 때가 있다.

요즘은 나이 탓인지 내 몸이 자유롭지가 않다. 이제 욕심을 버리고 살아가야 하는데 노력은 하고 있지만 쉽지 않은 일, 서서히 정리를 하기로 마음먹으니 버리는 것에도 익숙해져 간다. 사람은 죽을 먹어도 마음 편히 살아가는 게 최고란 말도 있다. 긴 세월 살다 보면 힘든 일을 아슬아슬하게 피해 가기도 하고 운명처럼 다가와 가는 길을 막기도 한다.

이런 때 현명하게 기다려 주지 않으면 후회하기 일쑤다. 저질러진 일 앞에서 이게 아닌데 생각하지만 어떤 대안도 떠오르지 않을 때가 많다. 이런 땐 방향을 거꾸로 돌려 살아봤지만 신통치가 않았다. 좋은 날 있을 거라고 스스로 위로를 하면서 기다려도 이것 역시 쉬운 일은 아니었다.

아직도 내 주위는 어지럽고 정리되지 못한 일 투성이다. 그들 앞에 내 힘은 너무 미약해 무심하게도 세월만 잡아먹고 살아간다. 이게 나이다.

모성애를 모르는 저승사자

글을 쓰려고 마음을 가다듬으니 눈물부터 흐른다. 같이 시 공부하자던 아우가 암으로 젊은 나이에 가 버렸다. 그의 선한 눈망울이 나를 더 아프게 한다. 내 남편이 세상을 떠나고 한 달 후에 아우가 세상을 떠났다. 남편이 떠난 것도 가슴 아리지만 오십대에 세상을 등진 아우의 죽음을 생각하면 더 가슴이 아리다.

봄이 오면 "형님, 나물 뜯으러 가요. 깊은 산중 나물이 향이 진해 참 맛이 있어요." 그러던 그가 봄이 오기도 전에 세상을 떠나갔다. 봄이 오면 그 말을 잊을 수가 없다. 시골에서 자란 나는 천성이 그런지 나물을 좋아하지 않아 나물은 뜯지 않고 산에 핀 들

꽃에만 관심이 있어 이꽃 저꽃 벌처럼 나비처럼 꽃만 바라보며 따라다니다 돌아오곤 했었다.

어느 날 산중에 홀로 사시는 아저씨 드린다며 마른 반찬과 미역국을 끓여 마구 병에 담고 시골에 같이 가자고 왔다.

아저씨는 우리를 반갑게 맞아주었다. "뭘 이렇게 많이 가져왔어? 그냥 와도 되는데." 말은 그렇게 해도 반가운 눈치였다.

바위틈 사이로 졸졸 흐르는 계곡물이 너무 맑고 깨끗해서 나물 뜯는다는 생각은 잊고 둘이 바위에 앉아 남편 이야기, 아이들 이야기 주고받고 하다 보니 어느덧 점심 시간이 되었다. 점심을 먹으려고 아저씨 집으로 내려가니 언제 가셨는지 우리보다 더 많은 나물을 한 바구니 뜯어다 놓고 우리를 기다리신다. 여느 나물보다 산중 나물은 맛과 향이 진해 점심밥을 맛있게 먹었다. "산중 나물 맛있죠?" 하신다. 우리들 주려고 뜯어 오신 거다.

아저씨를 그곳에서 처음이자 마지막으로 보았다. 지금은 어떻게 살고 있는지 스쳐가는 생각에 아저씨가 궁금할 때도 있다. 아우는 암에 걸려 병세가 우중했는데도 잘 참고 있었다. 그 후 투병생활을 서울 한양대병원에서 하다가 다른 곳으로 전이가 되어 고생을 많이 했고 그 무렵 나의 남편도 삼성의료원에서 간암으로 투병생활을 하고 있을 땐데 아우는 안 되겠다는 말을 듣고 치료를 포기하고 집 근처에 있는 병원으로 내려와 통증 치료만 받으며 삶을 포기한 상태이고 남편은 그 무렵 서울 삼성의료원에서 대구 동산병원으로 내려와 있을 때였다.

남편은 내려온 지 2주 만에 세상을 뜨셨고 한 달이 되던 날 아우에게서 전화가 걸려왔다. “형님 가서 뵙지도 못하고 죄송해요. 너무 슬퍼하지만 말고 억지로라도 무엇 좀 드셔야 해요.” 그 형편에 내 걱정이 늘어졌다. “내 걱정은 말고 아우나 빨리 나아야지.” “저도 얼마 못 살 것 같아요.” “무슨 말을 그렇게 해. 어서 나아서 우리 시골 아저씨 찾아가 계곡물에 발도 담그고 오디도 따오자.” “형님, 아저씨 보고 싶지요? 저는 이제 다 틀린 것 같아요. 내가 저승가면 아저씨 만나 형님 소식 전하고 아저씨 소식 전해줄게, 너무 슬퍼 말아요.” “무슨 그런 농담을 해.” 전화를 끊고 나서 마음이 아파 눈물이 하염없이 흐른다. 남편 죽은 게 내 탓은 아닌데도 부끄러워 한 달을 대문 밖을 나가지 못하고 있는데 아무래도 오래 못 살 것 같다는 아우의 말이 귀에 걸려 찾아가 보려고 마음 먹었다.

아침 식사 시간이면 사람들이 덜 다닐 것 같아 8시경에 아침도 거르고 집을 나섰다. 병원에 도착해 병실을 찾아가니 병실은 비어 있었다. 예감이 좋지 않았다. 어떻게 된 건지 간호사에게 물으니 방금 숨을 거두고 영안실로 모셨다고 한다.

어제 나를 위로하던 네가 왜? 이렇게 가다니! 천지가 무너진다는 말 이런 때 쓰는 말인가! 떠나기엔 아직 이른 나이, 자녀들도 아직 엄마의 손길이 한참 필요한 시기인데 어찌한단 말인가! 누구나 가고 싶지 않는 길이고 그렇다고 가지 않을 수도 없는 길인데 온몸이 떨리고 멍해져 발을 옮길 수가 없었다.

빈 자리를 한참을 쳐다보다 눈물이 왈칵 쏟아진다. 부끄러운지도 모르고 엉엉 소리 내어 울면서 빈소로 가니 그의 남편만이 혼백을 지키며 말없이 눈물을 닦고 있었다. 빈소가 쓸쓸하다. 아직 친척들도 모르고 있는 상태인가 보다. 그의 영정 앞에서 넋을 놓고 얼마를 울었다. 아우가 죽은 것도 서럽지만 남편을 잃고 속울음만 울던 내가 나도 모르게 소리치며 더 많은 울음을 밖으로 쏟아 놓을 수 있었던 것 같았다. 아무도 감당하지 못할 만큼 한참을 소리 내어 울다가 "아들은요?" "아직 알리지 않았어요." "왜요?" "중간고사 기간인데 10시가 되어야 마쳐요. 끝나면 알리려고요." 정말 슬픈 일이다. 하느님도 무심하지 이런 일이 있을까! 아무리 공부가 소중하지만 부모가 죽은 것도 모르고 시험을 치르다니 잔인한 생각이 들었다. 먼 훗날 이 아이들에게 두고두고 가슴 아픈 일이 될까 두려운 생각이 든다.

남편은 말을 꺼낸다. "죽으려고 몸부림치는 순간도 진땀을 쏟으며 '안 돼, 안 돼, 내가 죽으면 안 돼.' 소리를 지르며 '하느님, 제발 아이들 시험이 끝나기 전엔 나를 데려가지 말아줘요.' '삼일간만 저에게 시간을 줘요.' 손이 발이 되도록 빌다 숨을 거둔 아내를 보고 어떻게 아이들한테 알려요." 남편의 말에 가슴이 찢어진다. 죽음을 앞둔 아내에게서 그 말을 듣던 남편은 얼마나 가슴이 아팠을까?

"여보, 이제는 더 못 버티겠어요. 나를 좀 잡아줘요." 하고 숨을 거두었다 한다. 그때 일을 생각하며 오열하는 남편을 보면서 아직까지 아이들에게 알리지 못하는 이유를 충분히 이해할 수 있었다. 참 하느님도 무심하시다. 그렇게 매달리는 그를 뿌리치고 데려가다니.

죽는 순간까지도 자녀교육을 생각해 3일만 더 살게 해달라고 진땀을 쏟으며 하느님께 매달리는 부모가 세상에 어디에 있을까. 나 같으면 자녀교육보다 내가 세상을 떠나야하는 게 더 슬펐을 것 같은 생각이 든다.

매정한 엄마

영글지 않은 꼬마 여식이 가난이 싫다고 집을 나간 어머니를 못 견디게 그리워하는 것을 보았다. 보는 내 가슴이 너무 아팠다. 저보다 더 무거워 보이는 책가방을 방에 내려놓고 한참을 두리번거리더니 무겁지 않은 저금통을 방바닥에 내려놓고 힘들게 배를 가르니 동전이 사방으로 구른다.

동전을 싸들고 밖으로 나가더니 얼마 후 울면서 돌아와 아버지 품에 안겨 흐느낀다. 영문을 모르고 딸의 우는 모습을 조용히 지켜보던 아빠가 딸의 머리를 쓰다듬으며 "말을 해봐. 무슨 일이야. 그렇게 서러워 말고 말을 하라니까." 다그치는 아빠를 바로 쳐다보지 못하고 눈물만 흘리더니 서러워서 말을 꺼내지 못한다.

한참을 흐느끼다 "아빠, 정말 아빠한테 미안한데 엄마가 너무 너무 보고 싶어 못 참겠어요. 죽겠어요. 엄마 언제 와요?" "엄마는 우리가 보고 싶지도 않는가 봐요." 언니가 동생의 눈물을 닦아주며 호되게 나무란다. "아빠 속상하게 자꾸 울고 그럴 거야?" "언니, 정말로 엄마가 보고 싶단 말이야. 언니 넌 엄마가 안 보고 싶어?" 언니도 흐르는 눈물을 아빠에게 들킬까 봐 안 보이려고 밖으로 나간다.

꼬마가 저금통을 털어 엄마 찾으러 가려고 차표를 사려고 역으로 갔었는데 "보호자가 없으면 차표를 안 판다며 보호자를 데리고 오라고 그랬어요." "아버지, 엄마가 보고 싶어요. 차표 사러가요." 사실 엄마가 어디 가있는 줄도 모른다. 엄마는 가난이 싫어서 아이들 몰래 집을 나가 소식이 두절된 상태라고 한다.

언니가 동생들을 부르더니 우리가 아빠를 속상하게 했으니 아빠를 기쁘게 해주자고 한다. 아이들은 아빠와 놀이터로 나가 아빠를 의자에 앉게 하고 춤을 추며 우울한 아빠를 잠시나마 웃게 만들어 드린다. 어린 여식들이 기특하기도 하고 가엽기도 하다. 집으로 돌아온 아빠는 옷을 보따리에 싸고 있다. "아빠, 우리 이사 가요?" 묻는다. "그래, 이 집을 비워줘야 해."

아이들이 엄마 때문에 마음이 심란한데 이사 간다는 이야기를 차마 하지 못하던 아버지는 아이들 입에서 먼저 말이 나오니 거침없이 이야기를 한다. “이사 가면 엄마가 우리를 못 찾아오잖아. 난 이사 가지 않을 거야. 이사 가는 것 싫어.” 꼬마아이가 말을 한다.

방세를 제때 주지 못하고 세금을 제때 내지 못하는 형편이고 보니 여러 번 이사를 다녔다고 한다. 이제 갈 곳도 없고 돈도 없어 사정사정해서 먼 친척집으로 우선 짐을 옮겨 놓고 갈 집을 알아봐야 될 형편이다. 요즘 듣는 이야기나 신문에서나 TV에서 보면 아이들은 가난에 쪼들리고 힘들어도 참아내는데 정작 참아야 할 어미가 자식들을 책임지지 않고 버리고 집을 뛰쳐나가는 주부들이 많아 아이들이 가장家長 아닌 가장으로 살아가는 경우도 간혹 있다. 일을 나가야 할 아빠가 아이들 때문에 일을 제대로 하지 못하는 가정도 늘어나고 있고 자기 몸도 추스르기 힘든 할머니가 손자들 맡아 힘들어 하는 가정도 늘어나고 있다. 어머니는 위대하고 존경스럽다는 말도 옛말이 되어 버린 것 같다.

가족은 존재 자체만으로도 서로 위로가 되어야 하는데 잘못된 생각을 해서 영원히 씻을 수 없는 길로 빠지고 가정을 등지고 나가 살아 봐도 몸도 마음도 편안할 수 없어 술 먹고 뭇 사내들 품에서 고생하는 여인들 이야기가 목욕탕이나 찜질방에서 식당에서 듣지 않으려 해도 들려온다.

생활은 어려워도 아이들 성장하는 모습을 보고 부족하지만 한 푼 두푼 벌어오는 남편을 바라보며 서로 불쌍한 마음으로 아껴 주며 이해하며 살면 아름답게 보일 텐데 가족을 해체해 가면서 집을 나와 괴로워하며 지내다, 밖에서 나쁜 남자 만나 생명까지 잃어버리는 여자들도 있다. 시신이 쓰레기장에서 나오기도 하고 장농 속에서 나오기도 하는데 가정에서 일어나는 짓이라고 하기엔 너무도 끔찍한 일이다.

하루를 살아도 내가 설 자리에서 떳떳이 서 있어야 존재의 가치를 누릴 수 있고 사람으로서 사는 보람을 느낄 것 같은 생각이 든다. 빠른 시일 내에 어린것들 가슴에 못을 박지 않고 웃음이 끊어지지 않은 행복한 가정이 되도록 아이들 엄마가 돌아와 주었으면 한다.

새는 울지 않는다

초여름인데 기온이 한여름처럼 치솟아 32~34도를 오르내린다. 낮이면 사방에서 새소리가 초여름을 말해주고 있다. 사람이 독하다고들 하지만 정말 독한 건 식물이다. 날이 가물고 온도가 높아 식물은 타죽을 것 같은데도 기르지 않는 잡초는 감당할 수 없을 정도로 올라와 곡식이 있어야 할 자리를 풀이 채우고 있다.

나는 언제나 새보다 먼저 깨어 있었고 정원에 몸을 숨기고 잠이 든 새들은 계절별로 일어나는 시간이 조금은 다르지만 요즘은 5시면 일어나 나에게 말을 걸어오곤 한다. 새들의 소리는 나에겐 잘 잤느냐는 문안 인사말로 들린다.

나무가 우거져 봄이면 참새나 솔방울새가 새 가족을 만들어 2식구가 5-6식구로 늘어나 완전히 날아다닐 수 있고 독립을 해도 된다 싶으면 둥지를 떠난다. 새가 어떻게 살아가는지 거미가 어떤 삶을 살고 있는지 매미가 어떻게 살다가는지 해마다 겪는 일이다. 새는 둥지에서 부화되어 밖으로 나오면 늘 날아가는 연습을 한다. 한 발짝도 못 날고 떨어지면 어미는 다급해져 주위를 맴돌며 열나게 짖어댄다.

이게 어찌 울음이라고 할 수 있는가? 내 귀에는 '위험해, 빨리 다시 날아라. 날아야 해. 그래야 무사히 살아날 수 있어. 저기에 사람이 있다. 빨리 힘내.' 이런 말로 들릴 뿐이다.

아무리 이해하려고 해도 이해가 안 되는 것은 매미가 운다, 뻐꾸기가 운다, 비둘기가 운다, 왜 모두가 운다고 말을 할까! 매미가 시원한 나뭇가지에서 아무 근심 걱정 없어 '오늘은 즐겁구나!' 할 수도 있고 '여기가 이렇게 시원하고 조용하니 정말 좋구나!' 할 수도 있는데. 기러기가 바다를 날다, 또는 하늘을 날다. 다른 무리를 만나 반갑다고 인사를 할 수도 있고 고깃배를 만나 어떻게 해야 저 고기를 먹게 될까 서로 상의를 하는 말일 수도 있는데. 늑대가 숲을 거닐다 먹이를 구하지 못해 '배가 고프구나.' 말을 할지도 모르며 다른 무리에게 협조를 구하는 언어일지도 모르면서 사람들은 덮어놓고 운다고만 한다. 옛날 우리 조상들은 그들의 소리를 왜 운다고만 했을까! 내 삶이 고달프고 슬프고 해서 동물들의 모든 소리들이 슬프게만 들리지 않았을까 싶다.

사람들은 좋은 일과 기쁜 소식은 남들에게 알리고 싶지만 슬프고 어려운 일은 숨기고 싶어 하는 속내를 가지고 살아간다. 새나 짐승의 소리를 들으면 사람들은 거기에서 다소라도 위로를 얻고 살아가는 게 아닐까 하는 생각이 든다. 사람이라면 고달픈 삶 때문에 울 기회가 많고 감정이 풍부하니 울 수도 있지만 일하지 않고 쌓아두지 않는 날짐승들이 울어야 할 이유가 없을 것 같다. 사람이 나이 들면 감정이 둔해져서 울어야 할 일이 있어도 화낼 일이 있어도 감정에 휘말리는 일이 거의 없다. 40~50대만 해도 감정이 풍부해서 많은 세월을 울면서 보낼 수 있었는데 이제는 세월이 눈물마저 빼앗아갔는지 웬만해서는 울지 않는다.

이산가족 찾기 30주년

2013년 6월 30일 오늘이 이산가족 찾기 30년째 되는 날이다. 1983년 6월 30일에 시작된 방송은 11월 3일까지 138일 간 453시간을 유철종 아나운서와 이지연 아나운서가 진행을 하면서 아나운서도 유명해졌다고 했다. 아나운서는 늘 긴장되고 상봉을 할 적마다 그분들의 간장을 녹여내는 말들과 울음 때문에 울기도 많이 울었으며 늘 가슴이 뭉클했다고 한다.

KBS1 방송국에서 이산가족 찾아주기 운동을 처음 시작하자 53,000명이 신청을 했고 KBS1 본관에 한장 한장 붙여진 벽보가 10만 장이 넘게 붙어 있었다고 하니 얼마나 많은 사람이 가족의 소식을 듣지 못하고 슬픔을 안고 그리워하며 살아왔는지 알 수가 있다.

15,000명이 가족을 찾아 얼싸 안고 눈물을 흘리고 감정을 쏟아내며 이야기 할 적마다 울음은 전염이 되어 방송국 전체를 삽시간에 울음바다로 만들었고 방송을 보고 있던 사람들도 얼마를 울었는지 모른다. 세계는 한반도의 비극에 너무 놀랐다고 했다. 앞으로 남북은 정치와 감정을 떠나서 인도적 면에서 이산가족을 찾아주어야 한다고 했다.

이지연 아나운서는 이산가족의 아픔이 너무 깊어 천지가 개벽하는 줄 알았다고 한다. TV를 보는 시청자도 눈물 없이는 방송을 볼 수가 없었으며 밤 10시 30분에 시작된 방송은 새벽 2시가 넘도록 계속되었고 사람들은 이산가족이든 아니든 잠을 설치며 TV 앞에서 떠날 줄을 몰랐다.

어느 이산가족은 자기는 직장에 가야 되니까 아이들에게 학교에 가지 말고 그 시간에 꼭 들어 보라고 부탁을 했다고 하니 가족이 얼마나 소중한가를 절실히 느끼게 한다.

남매 상봉, 부자 상봉, 모녀 상봉을 할 적마다, 그들이 우는 것을 보고 온 국민이 같이 울어야만 했고 그때 TV 시청률이 78%라고 하니 이산가족을 찾는 일은 남의 일이 아니라는 것이다. TV를 보다가 방송국으로 연락을 해서 만나게 하는 시청자도 있었다. 세계가 감동을 하고 기네스북에 올릴 예정이라고 하니 한국에 6 · 25를 겪지 않은 사람도 전쟁이 얼마나 무서운 것인가를 짐작할 수 있으며 이는 역사의 아픔이다.

그때 설운도씨는 노래 〈잃어버린 30년〉을 천 번도 넘게 불렀다고 하며 무명 가수였던 설운도씨를 졸지에 유명 가수로 만들어 놓았고 패티김의 〈누가 이 사람을 모르시나요〉 노래도 많이 불렀다. TV가 없는 가정에서는 TV를 이때 구입을 하고 가족이 헤어져 있는 집에서도 TV 구입을 했다고 한다.

이산가족들은 가족을 찾기 위해 헤어질 때의 기억들을 낱낱이 적어 KBS 본관 벽에, 바닥에, 계단에, 중계차에도 벽보를 붙이고 다른 사람들에게 피해를 주지 않으려고 겹치지 않게 붙이려고 노력하는 모습도 보이고, 비가 오면 비닐로 덮기도 하고 장소가 없어 목에다 걸고, 등에다 짊어지고 다니기도 했다고 한다.

백발이 된 부모가 자식 얼굴의 흉터를 보고 찾고 아들은 부모의 손가락 생김새를 보고 찾기도 했다. 각 지역 방송국 9개소를 연결해서 방송을 하기도 했다. 고아원에서 헤어진 남매가 서로 만나게 되었는데 "오빠, 나는 이제 죽어도 여한이 없어요. 오빠 왜 나를 두고 갔어요." "동생아, 너의 이름은 그게 아니고 무엇이란다. 전쟁이 얼마나 무서운 것인지 우리는 알아야한다."고 울부짖는다.

"어머니 아버지, 어디에 계십니까? 우리 남매가 만났어요." "작은 아버지는 왜 우리를 버렸대요?" "다 그럴만한 이유가 있었을 것이다. 너는 모른다." "오빠, 제주도로 오셔요." "그래, 빨리 만나자." 그들의 통곡소리는 전 국민을 울렸다. 자매가 만날 때는 말하지 않아도 닮은 모습에서 자매임을 알 수가 있었다.

인공위성 중계로 로스앤젤레스에 있는 딸과 엄마가 만나는 장면은 모두를 슬프게 만들었다. 다른 말을 할 수가 없어 "엄마, 엄마" 엄마만을 부르짖는 딸의 한 맺힌 부르짖음. 한 가족 한 가족이 만날 적마다 박수와 눈물이 함께 그칠 줄을 모른다. 대한민국 만세, KBS 만세를 연방 부르짖었다.

이렇게 많은 사람들을 무엇이 이산가족으로 만들었을까? 시간이 흐를수록 상봉가족은 늘어났지만 찾지 못한 가족들도 많았다. 불볕더위 속에서도 폭우가 쏟아져도 포기할 줄을 모르고 벽보 주위를 서성거렸다. 아내를 만난 남편이 아내를 업고 둥실둥실 춤을 추며 내려놓을 줄을 모른다.

서울 하늘 아래 같이 살고 있으면서도 서로 찾아 헤매다 만나지 못하고 동생은 형이 죽은 줄 알고 제사를 지내 왔고 형은 아우가 죽은 줄 알고 제를 지내 왔다고 한다. 아직도 가족을 찾지 못한 사람들이 한 사람도 빼놓지 말고 가족을 만나기를 바라며 다시는 전쟁이 없는 세상에 살다가 죽기를 바라는 것이 국민의 소망이다.

꿈꾸는 질그릇

시골 농부의 딸로 태어나 문학이 무엇인지도 모르고 농사일부터 몸에 익혔었다. 문학을 해야 되겠다고 꿈을 꾸며 살지도 않았다. 어려서부터 책 읽는 것을 좋아하고 호기심이 많아 책을 늘 가까이 해왔다. 가정 형편이 넉넉지 못해 책을 일일이 돈 주고 사서 보기는 어려워서 남이 가지고 있는 책을 빌려서 보곤 했다.

책이라고 해야 《장화홍련전》, 《김삿갓》, 《콩쥐팥쥐》 같은 소설책이었다. 책을 많이 읽는다고 다 훌륭한 사람이 되는 것은 아니지만 훌륭한 사람들은 책을 많이 읽고 실천을 했기 때문에 훌륭한 사람이 된다고 들어왔다.

내가 살아온 날들을 돌아보면 내 보폭에 맞게 숨고르기 하면서 살아왔기 때문에 힘이 들어도 여기까지 오지 않았나 싶다.

60년 전이면 나에겐 먼먼 옛날과도 같은 시절이다. 마을에 글을 좋아하는 선비가 있었는데 끼니를 이어갈 쌀이 없어도 그분은 늘 책을 가까이 하고 날만 새면 어디론가 흰 두루마기에 갓을 쓰고 가방을 옆에 끼고 총총 걸음으로 바쁘게 다녔다.

그분의 딸이 나와 친한 친구라서 하루에도 그 집을 몇 번씩 가게 되어 그분의 글 읽는 소리를 자주 들었고 글을 읽으면 아는 것이 많구나 하는 것을 어렴풋이나마 느끼면서 어려움 속에서 책을 좋아했던 것이 지금의 나를 문학의 길로 가게 했다.

나를 담고 있는 그릇은 크고 거창한 빛이 나는 그릇이 아니다. 내 손으로 빚은 투박하고 보잘 것 없는 질그릇이다. 밥 담아 밥상에 올리면 밥그릇이고 구석에 처박아두면 아무도 눈길 한 번 주지 않을 개밥그릇 같은 그런 보잘 것 없는 질그릇과도 같다.

내가 존재하는 한 영원한 밥상 위에 내 밥그릇으로 만들기 위해 마음속 깊이 담아둔 아름다운 언어들로 화음을 만들고 집필하면 야생화처럼 끈질긴 생명력으로 죽는 날까지 나만의 향기를 뿜어낼 것이라 생각하고 끊임없이 노력하면서 살아왔다. 이 세상에 올 때는 울고 왔지만 갈 때는 울지 않고 웃으면서 갈 수 있도록 삶의 뿌리가 병들지 않고 꽃을 피우고 열매 맺기를 바라면서 오늘도 열심히 빛이 없는 질그릇이지만 때 묻지 않게 갈고 닦아 내 그릇으로 만들기 위해 성의를 다하며 살아가고 있다.

가다가 지쳐서 넘어지는 괴로운 날이 올지라도 후줄근한 모습 남에게 보이지 말고 당당한 모습 보일 수 있도록 문학의 끈을 놓지 않을 것이다.

반세기를 시어른 밑에서 좁은 세상 살다보니 그 세계가 전부인 줄 알았고 다람쥐 쳇바퀴 돌리듯 제자리 뱅뱅 돌며 착각 속에 살아왔다. 문학이 주는 즐거움을 전혀 모르고 어둠 속에 몸을 묻고 가시를 몸에 꽂으며 내 몸의 가시 때문에 아파하며 헤어나지 못했던 세월. 그때는 내가 할 일이 가사 일만 있는 줄 알고 살다가 시어른 내외가 세상을 뜨시고 소중한 남편마저 세월이 빼앗아가 방황할 때 발길 돌린 곳이 문화학교 창작반이었다.

그곳엔 수십 년 문학에 뜻을 담고 걸어온 선생님이 있었다. 수필도 시도 나이가 들어서인지 한 뜸 한 뜸 받아들이는 속도는 남들보다 더디지만 차츰차츰 흥미를 가졌다. 늘 불안하고 조바심 되던 마음도 서서히 편안해지고 그때부터 문학의 아름다움이 보였고 가슴으로 울어왔던 지난 삶을 글이라는 매개체를 통해 밖으로 들어내니 어둡던 마음이 긴 터널을 빠져나온 기분이었다.

어지럽고 수런거리던 복잡한 마음도 문학을 통해 가라앉힐 수 있어 좋았고 힘들고 알아주는 이 없어 흘렸던 눈물도 거두어지고 몸속에 아팠던 가시도 문학의 힘으로 서서히 녹아버렸다.

나이가 들고 보니 이제 앞으로 문학을 할 수 있는 날들은 어림잡아 5년인데 그동안에 내가 정리를 하고 빈손으로 떠나야 할 텐데 하고 싶은 게 있다면 시집 2집을 냈으니 수필 2집을 마감할 수 있었으면 했는데 이제 뜻을 이루려 한다.

길은 같은 길인데 비오는 날의 길과 눈 내리는 날의 길은 전혀 다른 모습을 보여주고 느낌 또한 다른 것을 알 수 있다. 눈길에 미끄러져 넘어지거나 비 오는 날 미끄러져 넘어지게 되면 다시 털고 일어날 수 있도록 힘을 기르는 것도 내 스스로 해야 할 일이다. 글이 마음먹은 대로 안 써진다 해도 포기하지 말고 가다 보면 내가 왜 문학을 하지 않으면 안 되는지 이유를 알게 될 것이다.

문학의 길을 걸어오면서도 이유를 생각해본 적은 없다. 하지만 문학은 인품을 다듬어 주고 영혼을 맑게 정화시켜준다. 눈이 와도 비가 와도 넘어지지 않게 지탱해주는 힘이 되는 것도 문학이고 눈물 쏟으며 살아온 긴 세월을 치유해주는 원동력이 되는 것도 문학이다.

희망과 미래가 있는 집

— 늘 웃음이 가득한 집 —

포근한 봄날 햇살을 받으며 즐거운 마음으로 희망이 있고 미래가 보이는 조은 유치원, 오후 2시가 되면 눈빛이 별보다 반짝이는 아이들을 만나기 위해 힘든 줄 모르고 서둘러 길을 간다. 생각만 해도, 보기만 해도 귀엽고 웃음이 저절로 나와 만날 적마다 즐겁다.

갓 피어난 개나리 같고 새싹 같은 어린이들은 내 손 한번이라도 더 만지려고 마주치면 우르르 몰려온다. 늘 아이들을 대할 적마다 하는 말이 있다. 이다음 자라서 어른이 되면 험난한 세상 움츠리지 않고 흠집 없이 곱게 자랄 수 있도록 노력하라고 말해

준다.

한참 소란을 떨어야 될 나이에 밖을 마음대로 뛰어다니며 놀지 못하고 하루 종일 집 안에만 있는 어린이들을 보면서 가슴이 아파온다. 단체생활을 하기 위해서는 질서를 배우고 이다음 어른이 되면 줄을 잘서는 사람이 되어야 하기에 앞줄 옆줄을 잘 맞추고 동화구연 할머니의 이야기를 듣도록 하자고 했다.

나는 어린이들이 이야기 한가지를 더 알고 있는 것보다 우리 어린이들이 이것만은 꼭 마음속에 간직하고 성인이 되어주기를 바란다며 말했다. "사람은 하루하루를 잘 살아야하는데 어른이 되어 잘 살아가기 위해서는 몸에 익혀 두어야 될 기본 원칙이 있어요. 이 할머니는 날마다 이 다섯 가지를 생각하고 실천을 하려고 노력하며 살아왔어요. 첫째, 건강해야하고, 두 번째는 자신이 있어야하고, 세 번째는 용기가 있어야하며, 네 번째는 양심이 있어야하고, 다섯 번째는 솔직해야 하는데 다 소중한 것이지만 네 번째 양심이라는 것이 정말 소중한 것입니다." 말이 떨어지자 한 어린이가 손을 번쩍 든다. "왜 손을 드니?" "할머니, 양심이 뭐예요?" "생각이 많은 어린이구나. 양심이란 우리가 볼 수는 없지만 가슴속에서 우리가 나쁜 짓을 하면, 해서는 안 된다고 가슴이 두근두근 거리는데 이것이 양심의 소리란다. 양심은 우리가 좋은 일을 하면 기뻐하고 나쁜 일을 하면 무척 슬퍼하거나 하지 말라고 쿵쿵거리는 소리를 내기도 한단다. 양심의 소리를 잘 듣고 자라는 어린이는 이다음 어른이 되면 좋은 일을 많이 하고 듣지 않고 자라는 어린이는 이다음 어른이 되었을 때 올바로 살지 못하고 남을 해치는 일을 하게 된단다."

모두 어른이 되면 남을 돕는 사람이 되어야 한다. 저녁에 잠자리에 누워서 나는 오늘 잘 살았다고 스스로에게 말할 수 있는 사람, 순간의 잘못을 반성하고 올바른 양심의 소리를 듣고 행동하는 사람이 되기를 바라면서 어린왕자의 이야기와 손 유희 '핫도그 아줌마' 를 하고는 조은 유치원 어린이들과 헤어졌다.

아이들은 내 손을 잡기 위해서 우르르 달려들지만 요즘 어린이를 껴안으면 성추행에 걸린다고 뉴스에서 떠들어대니 마음 놓고 어린이들에게 정을 줄 수가 없어 아쉽다. 유치원 선생님들도 아이들에게 많은 사랑을 주어야 하는데 아이들에게 사랑을 나누어 줄 수가 없어 정말 안타까운 일이다.

요즘 핵가족에다가 부부가 직장에 다니니 아이들은 사랑에 굶주려있는데도 부모들이 너무 예민하게 굴어서 그냥 손만을 잡아줄 뿐 어린이들에게 충분한 사랑을 주지 못한다. 달려드는 어린이들을 뒤로 하고 유치원을 떠나면서 나는 오늘 보람되게 살았구나 생각하고 스스로 만족한다.

맨홀 속 몽골 소년

며칠 전 늦가을 날씨답지 않게 추운 날씨는 낙엽 품에 잠들어 버리고 포근한 날씨가 계속된다. 따뜻한 날씨 놓칠세라 다급해진 주부들은 겨울 준비를 하기 위해 손길이 두 배로 바쁘다. 지난해만 같아도 많은 사람들이 김치 담그기를 마쳤을 시기인데 날씨가 따뜻하다보니 올해는 김장철이 늦어졌다. 어제가 김천 5일장이라 장에 가보니 들판에서 거두어들인 곡식들과 야채로 장터가 풍성하다. 많은 사람들이 내일이 일요일이다 보니 여기에 맞춰서 김장을 담글 모양이다.

올해는 탄저병을 막지 못해 고추가 수량이 줄어 값이 많이 상승되었고 마늘은 수요가 적어 값이 만만치 않았으며 상대적으로 배추 값이 터무니없이 싸서 생산자들은 힘들어 하며 생산된 배추를 사려는 사람이 적어 이웃에게 배추를 나눠주는 농민들이 늘어났다.

어제 컴퓨터 동기생이 배추를 나에게 선심 쓰고 갔다. 7월부터 11월까지 땀 흘리며 키우느라 애를 먹었을 텐데 그냥 받기가 미안해 돈을 줘도 받지 않으려고 해서 보답이라기에는 뭣하지만 점심을 사주고 음료수 한 통을 들려 보냈다. 그분은 책도 좋아하는 것 같아 내 시집과 다른 책들도 두어 권 챙겨줬다.

춥기 전에 김장을 담그려고 오후 늦은 시간에 배추를 소금에 절여놓고 늘 그랬듯이 오늘도 텔레비전을 틀어 놓고 저녁을 먹으려고 하는데 이웃나라 빈민층 사람을 도와주는 프로그램이 나를 슬프게 했다. 의복이 남루하고 앙상하게 마른 몽골 소년이 밤이 되자 맨홀 뚜껑을 열고 그 속으로 들어가는 것이었다.

깜짝 놀랐다. 소년이 들어간 그곳에는 노인부터 소년까지 여러 명의 걸인들이 들어가 있어 저런 데서 사람이 살다니 놀라지 않을 수 없었다. 추위를 피하고 밤을 보내기 위해 그곳에서 잠을 잔다고 한다. 맨홀 속은 온수관이 지나고 있어 생각보다 따뜻해 이불을 덮지 않고도 추위를 막을 수 있으며 겨울밤을 따뜻하게 보낼 수 있단다. 몇 해를 이렇게 살아왔다고 하니 어이가 없고 슬픈 일이다.

관이 녹슬고 덕지덕지 달라붙은 오물 속에서 벌레라도 금방 기어 나올 것 같은 곳이다. 소년은 말한다. "어른들이 술을 먹고 폭행을 가해 무섭고 배가 고파요." 힘없이 슬픈 표정을 짓는 그가 측은하고 안쓰럽다.

낮에는 많은 사람들이 쓰레기 더미를 뒤지며 고철이나 플라스틱을 주워다 팔고 있다. 먹을 것이 보이기만 하면 그것이 벌레가 붙어있건 썩은 것이든, 냄새가 나든 뒷일은 생각지 않고 우선 굶주린 배를 달래기 위해 먹고 보는 것이었다.

쓰레기 옆에는 오물이 타고 있어 많은 독가스가 배출되고 겨울에 신발도 신지 않고 씻을 물도 넉넉지 않아 뒤적일 때마다 많은 먼지가 뿌옇게 일어나 먼지는 TV화면을 어둡게 했다. TV 보는 나도 금방 먼지가 덮칠 것 같은 기분이 들어 코가 먹먹해지는 것 같다. 얼굴이 먼지와 흙으로 볼품도 없고 더러워진 아이 옷과 피부 색깔이 엇비슷해 보인다.

손은 할퀴고 찢어져 사람의 손으로 보기에는 쉽지 않았고 상처투성이다. 우리가 자라던 시절 코를 손등으로 닦아 겨울이면 손등이 터져서 아리고 쓰려도 바를 연고 하나 없던 시절이 머리에 스쳐간다.

쓰레기 더미 옆에는 썩다 남은 앙상한 짐승들도 있었고 굶주리고 동상에 걸려 시신으로 변한 시체도 그대로 버려져 있었다. 어린이가 거침없이 시신을 넘어 다니면서도 아무렇지 않은 표정이다. 어머니를 따라온 아이는 개도 안 먹을 썩어빠진 음료수 팩을 주워 맛있게 마시고 있었다.

한 아버지가 쓰레기를 열심히 뒤적이다 음료수 통을 보더니 다른 사람이 주워갈까봐 냉큼 주워들고 더러운 옷자락으로 닦아 딸아이에게 들려주는 부성애는 우리와 다를 것이 없었다.

저녁을 먹던 수저가 힘이 없어 더 이상 밥을 떠올릴 수가 없다. 가슴이 뭉클하다 못해 아프고, 나도 모르게 눈물이 주르르 쏟아진다. 40여 년 전 우리나라의 모습이 그것보다는 나았지만 흡사했다. 걸인들이 떼를 지어 다니며 부르던 각설이 품바가 이무렵 나왔다.

대나무로 얼기설기 엮은 자기 키보다 더 큰 바구니를 등에 메고 커다란 집게로 쓰레기를 이리저리 뒤적이다 고물이 보이면 어깨 위로 슬쩍 던져 바구니에 담곤 하던 우리네 아이들을 여기서 보는 듯 했다. 길을 가다 주인이 안 보이면 싸리나무 울타리에 마르라고 널어놓은 옷가지며, 가게 앞을 지나다 주인이 없으면 팔기 위해 걸어놓은 낫과 호미도 슬쩍 바구니에 거두어 넣었다. 바구니를 채워가지고 가야 두목에게 두들겨 맞지 않고 밥을 얻어먹을 수 있고 천막 속에서라도 이슬 맞지 않고 잠을 잘 수 있기 때문이었다.

이런 일을 하는 사람을 넝마라고 불렀다. 하굣길에서 이들을 만나면 전신이 오그라들고 가슴이 두근거려 힐끔거리느라 걸음을 걸을 수가 없었다. 45년 전만 해도 김천역 한 모퉁이에 넝마들이 떼를 지어 텐트를 치고 살아가면서 고물 줍다가 밥을 버린 것이 있으면 비닐에 모아 깡통을 돌에다 걸어놓고 끓여먹기도 했다.

나는 저녁밥을 다 먹지 못하고 전화 다이얼을 돌렸다. 내가 돌리는 전화가 그들에게 다소나마 도움이 된다고 하니 동참을 했다. 그래야 내 마음이 편안해질 것 같은 생각이 들었다.

그들이 쓰레기를 주워 판 돈은 하루에 우리 돈으로 4,000원에서 8,000원이라고 했다. 그들이 살아갈 수 있는 집은 우리 돈으로 200만원에서 400만원만 있으면 짓는다고 한다. 병이 나도 병원에 갈 수가 없어 발을 자르고도 집에서 그대로 방치해서 썩어 들어가는 사람도 있었다. 삶이란 참으로 알 수 없는 가운데 희비의 연속이다. 대한민국에서 태어난 것만도 감사하고 살아왔지만 이 순간만큼 감사한 마음이 넘쳐나는 순간도 없었던 것 같다.

궁합이 맞아야 행복하다

삶은 인연으로부터 시작되며 이것과 저것이 궁합이 맞아야 뜻을 이룰 수가 있다. 지금은 결혼이 필수가 아닌 선택이라고들 한다. 많은 처녀 총각들이 결혼을 하지 않고 일에만 열중하고 살아간다. 시대의 변화일까! 아니면 삶에 지친 젊은이들이 결혼을 생각할 여유가 없어서일까? 힘들어하는 것은 나이 많은 처녀 총각을 둔 부모들이다.

내가 자랄 때는 가풍을 익히고 부모의 뜻에 따라 결혼을 하고 집안의 대를 이어주는 것만이 자식의 도리인 줄 알고 순종하며 살아왔다. 1960년대만 해도 한 마을에 몇 집을 빼고는 어렵기는 너 나 할 것 없이 비슷비슷해 생활이 거기서 거기였다. 과학이 발달하면서 지금은 빈부의 차가 심해 젊은이들이 상대적 빈곤을 느끼며 살아간다.

삼시세끼 식사해결 문제가 어려워 여행을 하거나 취미생활은 꿈도 꾸지 못하고 교육은 생활이 어려워 공부를 시킬 생각을 하지 않았다. 지금은 생활이 어려워도 공부를 시켜놓고 보는 세상이고 돈이 없으면 장학금도 있고 은행 대출도 있지만 그때는 전혀 그런 혜택을 꿈꿀 수 없는 시대다.

마을에서 대학생을 본 적이 없었고 남자 고등학생이 다섯 손가락 안에 들 정도였고 여자 고등학생은 한 명 있었고 중학생은 세 명에 불과했다.

중학교를 어떻게 졸업을 했는지 힘들기만 한 세월이었다. 지금 생각하면 어리석었다는 생각이 든다. 어렵고 힘들어도 고등학교에 진학을 했어야 했는데 그 당시 나와 학교와는 인연도 궁합도 맞지 않는다는 생각이 들었다. 고등학교를 갔더라면 사십년간 눈물 쏟아가며 힘들게 살지 않았을 것이고 지금쯤 잘 살고 있을 것으로 생각된다.

공화당 시절 재건운동을 한다며 마을마다 확성기에서 '너도나도 일어나 새마을을 가꾸세' 하고 새마을 노래가 동트기 무섭게 흘러나오고 농촌에 새바람이 불기 시작했다. 마을에 부녀회장을 뽑아야 한다며 이장이 찾아와 나에게 사정하기에 그렇게 하겠다고 약속을 하고 부모님 몰래 마을마다 다니며 재건운동에 동참을 하고 열심히 일을 하는 것만이 농촌이 잘 살아가는 길이라며 먼저 치마저고리를 간소복으로 바꾸는 일에 앞장서고 지게를 리어카로 바꾸자며 점심도 굶고 차트를 만들어 어깨에 메고 면장님과 마을을 찾아다녔다.

힘들고 지쳐도 이 일과는 궁합이 맞는지 힘든 줄도 모르고 즐겁기만 했다. 이것이 인연이고 궁합이다. 아침부터 저녁까지 잘 살아보자고 한복을 벗어버리고 간소복을 만들어주고 새 지식을 가르치는 것이 내가 하는 일이었다. 말만 잘하는 앵무새가 되지 말고 말없이 일 잘하는 황소가 되어 가난에서 벗어나야 된다며 귀가 닳도록 외치고 다녔다.

해가 지면 집으로 들어와야 하는데 부모님에게 들킬까봐 발자국 소리를 내지 않으려고 사립문을 열지 못하고 맨발로 담을 넘어 들어오곤 했다.

결혼할 정년이 되어 작은 아버지 소개로 생활환경이 너무 다른 충청도에서 경상도 사내를 남편으로 맞아 잘살아보겠다고 많은 노력을 했지만 풍습의 차이, 환경의 변화, 경제적 어려움이 얽히고설켜 삶을 포기하고 싶기도 했다.

그때부터 웃음을 잃어버리고 늘 가슴은 쿵쾅거리고 낯선 환경에 적응이 되지 않아 우울증인지 무엇인지도 모르는 상태에서 철부지 아내와 철부지 남편, 교육을 제대로 받지 못한 시어른들 사이에 이 빠진 톱니바퀴처럼 삐걱거리고 직장이 없는 남편은 더 힘들어했다.

논을 밭으로 만들어 여러 가지 농작물을 경작해 팔아서 생활에 보태고 늦기는 하지만 남편도 직장을 잡게 되었다. 살면서 농사를 지어보니 느끼는 게 있었다.

사람과 사람, 땅과 식물과도 궁합이라는 게 있구나 하는 생각이 들었다. 나와 잘 맞는 것은 사람이 아닌 식물인 것 같다. 식물 중에서도 꽃이다. 힘든 일이 있을 때 꽃을 보면 웃음을 주고 머리와 가슴이 맑아진다. 꽃과 같이 있으면 시간 가는 줄 모르고 많은 시간 노동을 해도 지치지가 않는다. 궁합이 맞는다는 것은 희망을 가져다주고 행복을 가져온다.

도둑 잡는 내비게이션

길을 걷다가 이런 생각 저런 생각이 머리를 스쳐간다. 소변을 보려고 주차장으로 들어가려는데 안 보면 좋았을 것을 보고 말았다. 보고 싶어서 본 것이 아니다. 눈을 돌리는 순간 버스를 기다리기 위해 버스 승강장에서 한 할머니가 버스 오는 방향만을 열심히 쳐다보고 있는데 10대 소년이 할머니 옆으로 다가가 스웨터 주머니에서 지갑을 꺼내 바지를 치켜 올리는 척하고 허리 어디에 지갑을 감추고는 아무 일 없다는 듯이 유유히 모퉁이 길로 사라지고 아무것도 모르는 할머니는 기다리던 버스에 태연하게 올랐다.

그 순간부터 나는 죄인이 된 기분이었다. 그 후로 눈도 마음도 무거워 내 볼일을 볼 수가 없었다. “할머니 날치기요!”하고 소리치고 싶었지만 겁이 많고 용기가 없는 나는 못 본 척 그 순간을 외면하고 말았다. 내 몸 다칠까 두려워 피한 것이 나로 인해 할머니는 피해자가 되고 소년에게는 앞으로도 범죄를 저지르고 다닐 기회를 제공해 준 죄인이 되었다.

순간 나는 비겁한 사람이 되고 말았다. 사람이 어떤 사람이 되느냐는 주변 환경이 많이 적용된다는 것을 이 순간을 통해서 알았다. 1분 전만 해도 나는 이렇게 비겁한 사람은 아니었고 죄인도 아니었다. 방금 벌어진 상황이 나를 비겁한 사람으로 만들고 죄인으로 만들었다.

이 일이 있고 나는 집으로 가기 위해 택시를 탔다. 기사에게 목적지를 가르쳐주자 기사는 내비게이션에 열심히 입력을 하고 출발을 했다. 내비게이션이 지시하는 소리를 듣고 기사는 그 방향으로 가기만 하면 된다. 길을 척척 잘 가르쳐 주는 내비게이션을 사람에게 이용할 수는 없을까!

죄를 짓는 순간 몸에 전파를 받아 얼굴에 불이 들어와 저 사람이 가져갔다는 것을 누구나 쉽게 알아볼 수 있다면 아무도 죄를 짓고 살 생각을 안 할 텐데. 그런 것을 발명해주는 사람이 있다면 그 사람은 애국자 중에 애국자로 노벨 수상을 받을 수도 있을 것이고 세계적으로 명성을 떨칠 수도 있지 않을까! 하는 생각을 해본다.

내가 바보처럼 보이는지 과거에 몇 번을 소매치기 당한 경험이 있다. 한번은 딸이 고3 때다. 딸아이가 학교를 가려면 한 시간을 걸어서 가야 했다. 겨울에 친구들과 모여 점심을 먹고 놀다가 저녁까지 먹게 되었다.

집으로 오려고 하니 밤 11시가 되고 딸이 야간 수업을 마치고 집으로 돌아오는 시간이 그 시간이었다. 친구들이 춥고 눈길이 미끄러우니 택시를 타고 가라고 했지만 야간 수업을 마치고 추운 눈길을 밤에 1시간 걸어서 집으로 오는 딸을 생각하니 택시를 타고 온다는 것은 내 양심이 허락하지 않아 걸어서 올 수밖에 없었다.

혼자서 손이 시려서 바바리코트에 손을 푹 집어넣고 딸을 생각하며 아무도 없는 밤 빙판길을 걷기 시작했다. 한참을 이 생각저 생각 하며 걷는데 학생복을 입은 10대로 보이는 남자아이 둘이 '아이 추워라, 아이 추워라' 하며 깡충깡충 뛰어 곁으로 다가왔다.

그들이 날치기라고는 생각지도 않았는데 하나가 나를 눈밭으로 떠밀더니 엎어지자 뒤에서 뛰어오던 한아이가 가방을 채가지고 두 사람이 앞 골목으로 쏜살같이 달아났다. 이런 때 닭 쫓던

개 지붕 쳐다본다고 하던가? 이런 일이 일어날 것은 생각지도 않았는데 뜻밖의 일이다.

그 순간 놀란 것은 말할 것도 없고 허무한 생각이 들었다. 다치지 않은 것만 해도 다행으로 생각을 해야 하는데 돈을 빼앗긴 것이 억울했다. 그 후로 나는 밤길을 함부로 다니지 않는다.

요즈음 복지관에 가면 중, 고등학생으로 보이는 학생이 죄를 씻기 위해 사회봉사 명령을 받고 식당에 와서 점심시간에 고개를 숙이고 설거지를 돕는 모습을 보면 그 당시 생각이 나서 밉기도 하고 한편으론 애처로운 마음이 들기도 한다.

형제가 많으면 빨리 철이 든다

남달리 자식을 키우는 젊은 부부가 눈길을 끈다. 한 주 동안 아침이면 내 가슴을 송두리째 흔들며 사람이 있건 없건 잘 살고 있구나 하는 생각이 든다. 이들 형제를 본 사람은 나와 같은 심정일 것이다. 한참을 웃게 만든다. 자식이 있기만 해도 정말 흐뭇하고 보기가 좋은데 자식이 없는 집에서는 저 아이들이 얼마나 부러울까! 요즘 보기 드문 자식부자다.

흥부네 집을 보는 듯한 생각이 든다. 3대가 함께 살면서 몸이 말을 듣지 않는 시아버지를 진심으로 섬기며 살아가는 며느리가 시아버지 이발을 손수 해주는 모습이 정말 아름답고 인상적이다. 곁에 있으면 안아주고 싶은 생각이 든다. 요즘 세대에 보기 드문 며느리다.

농사짓는 남편의 뒷바라지며 많은 자녀들의 손발이 되어준다는 것은 아무나 할 수 있는 일은 아니다. 하루에 눈물을 흘려도 몇 번은 흘렸을 것이고 짜증을 부려도 몇 번은 부려야 할 텐데 수많은 고통을 인내하며 아이를 등에 업고 옆에 걸리고 다녀도 피곤해 보이는 기색이라고는 전혀 없고 늘 꽃이 피어나는 듯한 웃음을 웃으며 아이들에게 시간이 날 적마다 질서와 형제 간의 도리를 이야기해주면서 다니는 아이 엄마가 내 눈에는 보석처럼 아름답고 천사처럼 심오하게만 보였다.

아이 아버지가 말하는 한마디 한마디는 노인의 지혜와 경험을 능가하고 있었다. 자식들에게 책임감과 효는 물론이고 집에 기르고 있는 가축들을 스스로 돌보게 만들어 자생력을 가르치고 자신감을 길러주며 용기를 심어주었기에 그들은 아버지가 해야 할 몫과 엄마가 해야 할 몫을 나이에 걸맞지 않게 척척 요령껏 잘도 도와준다.

저 아이들이 자라면 형제 간에 막강한 힘이 생겨 남들이 할 말도 못할 것 같다는 생각이 든다. 풀빵 조각을 같이 씹고 있어도 행복할 것 같은 아이들, 진실하고 정직한 아이들이다.

초등학교 선생님이 장래 희망을 써내라고 하니 아이는 농부가 되겠다고 했다. 왜 많고 많은 직업 중에 남들이 다 피해가려는 농업을 썼을까? 참 이상하다고 생각한 선생님이 '왜' 농업이라고 썼냐고 물으니 "농업이 좋아요." "아버지도 농사를 짓고 농업도 경쟁이 치열해요." 라고 했다. 알고 하는 말인지 어디서 얻어들은 말인지 정말 어른스럽고 농업의 미래에 희망이 있어 보인다.

아이는 "농업도 안 될지 몰라요. 형들이 농사를 짓겠다고 해서!" 선생님은 어이가 없다는 듯 웃으시며 "그렇구나!" 하신다. 반에서 반장을 누가 하겠느냐고 하니 손을 번쩍 든다. 투표 결과 이 아이가 회장이 되었다. 집에 돌아와 엄마에게 회장이 됐다고 말을 하자 엄마의 안색이 좋지 않은 표정을 짓는다.

일을 마치고 들어온 남편에게 엄마는 "글쎄 우리아이가 반 회장이 됐대요." "반장 엄마는 자모회의에도 참석을 해야 하는데 내가 업고 달고 어떻게 다녀요." 듣고 있던 남편은 한참을 아무 말이 없다가, "어쩌겠어요. 내가 도와줘야지." 여유 있게 말을 한다. 가족이 시내를 한 번 나가려면 많은 식구가 봉고차로 함께 가야할 때가 있으니 시아버지를 빼고도 봉고차를 이용하지 않으면 나갈 수가 없다.

다행인 것은 먹고 살아가는 데는 지장이 없는 것 같아 보였다. 많은 아이를 낳아놓고 먹을 것이 없다면 얼마나 비참하겠는가. 경제적 고통을 받지 않는 것만도 다행이다. 마트에 가면 일주일

분 식품이며 일용품을 구입해 온다고 했다. 마트에 가면 아이들이 어디에서 무엇을 하고 있는 줄도 모르고 열심히 물건을 고르고 다니다 보면 한 아이가 보이지 않아 두 부부는 놀라서 한참을 헤매다 찾아온다.

마트를 돌다가 시식코너가 보이면 여러 아이가 메뚜기떼처럼 달라붙는다. 그러면 지나가던 사람들이 발길을 멈추고 쳐다본다. 아이들을 돌보고 놀아준다는 것이 엄마로서는 감당이 되지 않아 맏딸이 엄마를 대신해서 엄마 일을 돕고 있는데 막내아이 돌보는 모습은 웬만한 엄마는 저리로 가라다. 남들 가정과 다른 게 있다면 아이들이 많고 아이들 몫으로 짐승을 키우고 있다는 것이다. 아이들이 겁을 내지 않고 동물을 키우는 것이 정말 보기 드문 환경이다.

부모가 자식에게 대우받지 못하는 시대라 하지만 아직은 불효자 보단 효자가 많다.

2부

돈이 자식이고 돈이 효자란다

건강검진 안내장을 받고 김천 도립병원에서 건강검진을 받은 결과 위에는 선종이 있고 콩팥 주위에 물이 고여 있다고 재진을 받으라고 한다. 선종은 암의 씨앗과 같아 그냥 두면 암으로 진행이 되니 바로 떼어 버려야 한다고 했다.

진단 결과가 겁이 나는 것은 아니지만 기분은 찜찜하다. 결과를 자식들에게 말하지 않고 시디에 옮겨가지고 서울 삼성의료원에 가지고 갔다. 재진 결과 콩팥에는 이상이 없으며 선종은 수술을 즉시 받아야 한다고 한다.

삼성병원은 집에서 멀어 수술을 하기에는 부담이 가서 집으로 내려와 내가 늘 다니던 경대 소화기내과 교수님께 재진을 받기로 했다. 재진 결과 선종 크기가 크지 않으니 초음파로 시술을 하면 된다고 해서 시술 날짜 예약을 하고 돌아왔다. 시술 날짜까지는 10여 일 남았다. 시술을 하려면 입원을 3일 해야 한다고 하니 그동안에 내가 해야 할 일이 몇 가지 있다.

출판사에서 시집을 받아 지인들에게 전해주고 집안에 많은 식물들을 그대로 두면 죽게 될 테니까 내가 없어도 죽지 않게 돌봐줄 사람을 구해 놓고 입원을 해야 한다. 마땅한 사람이 없어 생각하다가 용기를 내서 지인에게 부탁을 했더니 "그래요, 내가 해줄 테니 걱정 말고 시술 잘 받고 와요."라고 한다. 정말 고마운 사람이다.

믿을만한 사람이기에 안심이 된다. 병원에서는 보호자와 같이 오지 않으면 시술을 할 수 없다고 못을 박는다. 자식들이 삼형제인데 아들은 출근해야 하고 딸은 자녀 뒷바라지 하느라 나에게 시간을 달라고 하기엔 용기가 나지 않는다.

오든 안 오든 그것은 자식들 생각이고 이야기는 해야 할 것 같아 용기를 내서 이야기 했더니 무리를 해서라도 오겠다고 한다. 자식들에게 걱정 말라고 안심을 시키고 대구에 사는 언니에게 염치없이 부탁을 했다. 물론 언니에게도 미안한 생각은 들었다. 남편이 아플 때도 언니와 형부가 늘 출근을 하다시피 병원을 찾아와 지켜주니 많은 힘이 되었었다.

이번에도 언니는 "당연히 내가 너를 돌봐야지."하며 쾌히 승낙은 했지만 여러모로 미안했다. 언니를 데리고 수술실로 들어갔다. 언니 이야기로는 시술 후 오래도록 수면에서 깨나지 않아 걱정을 했다고 한다. 몸이 허약해져 남들보다 빨리 수면에 들어가고 늦게 깨어나는 것 같았다. 70년을 살아도 밤이 길고 낮이 긴 것을 몰랐는데 이번에 병원에 입원하고 있으면서 어찌나 밤과 낮이 길던지 하루가 24시간이 아니고 48시간이 되는 것 같았다.

병실은 6인실인데 환자들은 모두가 병이 심하지 않은지 별 통증이 없는 사람들 같이 느껴졌다. 옆자리 환자는 위암환자로 아저씨가 곁을 떠날 줄 모르고 입 안에 혀처럼 병간호를 여자보다 더 잘해 보기가 좋았고 환자들로부터 칭찬도 많이 받고 여자들은 그런 남편을 부러워했다. 덩치가 있고 부리부리한 젊은 부인이 병실로 들어선다. 환자가 "언니 믿고 있다가 동생 하나 있는 것 굶어 죽게 생겼다."하고 소리를 버럭 지른다.

"애야, 빨리 온다고 와도 그렇다." 뒤이어 몸이 두리둥실한 젊은 여성이 또 한 분 들어온다. 이번엔 내 옆자리 손님이다. 환자에게 언니가 되나 보다. "언니, 이번엔 아들 낳게 생겼소." 말이 떨어지기 무섭게 옆자리 환자분이 벌떡 일어나 앉으면서 "아들이면 뭐하고 딸이면 뭐 할래. 다 소용 없더라. 살아보니 돈이 자식이고 돈이 효자더라." 세상은 많이도 변해 돈이 자식이고 돈이 효자란다. 임신부는 멍하니 서 있다. 오늘은 내가 퇴원 하는 날이다. 11시면 퇴원 한다고 했는데 아무런 연락이 없다. 간호사실에 찾아가 "왜 퇴원 안 시켜줘요?" 하니 그제야 "시켜야죠." 하고 퇴원 수속을 밟았다.

겉으로는 아무렇지도 않은 것 같아 대구역까지 걸어서 가려고 걸어보니 진땀이 나고 주저앉고 싶어진다. 가까운 길이 멀게만 보인다. 양손에 짐을 들고 병원문을 나와 얼마 걷지 않았는데 가슴이 터질 것 같다. 택시를 잡아타고 역에 내려 기차를 타고 집으로 왔다.

죽으나 사나 나를 반기며 기다려주는 것은 집안에 식물들뿐이다. 그들을 한참 바라보다 그동안 너무 자란 것 같아 짐도 풀지 않고 가위를 들고 예쁘게 잘라주었다. 이제까지 나는 식물을 사랑하고 손질을 해서 예쁘게 만들고 사람들에게 예쁘다는 말 많이 들으며 시선을 끌었지만 식물 입장이 되어보니 자를 적마다 그들을 괴롭게 했고 구속을 했으며 그들을 내 손안에 넣고 살아온 걸, 이제야 알았다. 어찌 생각하면 그들을 괴롭히며 한 번도 그들 입장이 되어 생각해 본 적이 없었다. 아프고 나니 다시 생각이 달라진다. 마지막엔 식물에게 내가 지고 말 것이다. 내가 그들 곁을 먼저 떠날 것이고 그들은 내가 없으면 자유롭게 될 것이다.

고독사는 개인의 문제가 아니다

고독사는 홀로 살다가 홀로 죽는 것이다. 홀로 사는 노인은 내 주위에 넘쳐난다. 노인들은 언제나 고독사의 위험을 안고 살아간다. 정부가 고독사를 줄이는 데 앞장서지 않으면 이 문제는 점점 심각한 상황으로 늘어 갈 것이다. 선진국으로 갈수록 이런 일이 많다고 한다.

남들은 할 것 다하고도 쌓아두며 살아가는데 나는 아무리 해도 밥 먹고 살기 힘들고 날로 쌓이는 것은 빚이고 외로움이고 몸은 점점 악화되어가고 찾아오는 이웃조차 발길을 끊으면 사는 것 보다 죽는 게 낫다고 생각하기 때문이다. 못사는 데도 원인이 있겠지만 주위에 돌봐 주는 사람 없이 살아가는 이웃들의 차가운 시선이 원인이 될 수도 있다.

이웃이 아무리 많아도 보살피는 마음이 없다면 한 사람의 죽음을 막을 방도가 없다. 요즈음엔 고독사를 한 사람이 많다. 아들과 멀지 않는 곳에 살면서도 어머니가 돌아가신지 얼마를 지나서야 남을 통해 알게 되었다고 했다. 뒷집 아주머니가 창밖을 보면 아침마다 창가에 커튼을 걷어놓는데 저녁에 창을 바라보면 늘 불이 꺼져 있어서 이를 수상하게 여기고 찾아가 불러도 대답이 없어 문을 열려 해 봤지만 잠겨있어 자녀들에게 알려주었다고 했다.

고독사는 개인의 이기심이 낳은 사회적 산물이고 가족 해체가 부른 재앙이다. 오해일수도 있지만 이웃이 싫어하고 자식이 싫어한다고 생각을 해서 '이렇게 살아 무엇 하나, 죽는 쪽이 낫겠다.' 생각을 해서 판단이 도를 넘어 심각한 지경에 이른다. 고독사보다 더 놀란 건 이십대가 아버지와 어머니, 형에게 음료수에 수면제를 타서 먹이고 모두 숨을 거두었다고 하니 이런 일을 어찌 자식이 할 수 있단 말인가! 부모는 자식에게 정성을 다 하고 먹지도 않고 키웠건만 자식 손에 죽다니 사형을 시켜도 지은 죄를 다 씻지 못할 것이다.

지인도 친척도 있기는 하지만 사회가 고령화 사회가 되어 가고 핵가족화 되어 가면서 자식들은 도시로 나가고 홀로 고향을 지키면서 부모님들은 자식들이 소식을 끊고 살아도 겉으로는 내색을 하지 못하고 외롭고 슬프고 서러워도 그리움을 가슴에 묻어 두고 살아가다가 지쳐서 자살까지 하게 된다.

거동이 불편하고 먹을 것이 없어도 쉽게 자식들에게 털어 놓지 못하는 부모님을 자식들이 깊이 생각하고 반성해야 할 문제다. 사람은 너 나 할 것 없이 세월이 갈수록 권력도 능력도 줄어들고 몸도 허약해져서 죽음은 피할 수 없는 것이다. 자식도 세월이 흐르면 그 길 말고는 방도가 없을 텐데 사람은 당하지 않으면 잘 알지 못한다. 입장을 바꿔서 부모님의 모습이 머지않아 본인의 모습이라는 것을 알면 생각이 달라질 것이다. '자식을 나무라지 마라, 네가 걸어온 길이다. 부모를 나무라지 마라, 네가 가야 할 길이다.' 라는 말이 있다.

어느 간병인이 말하기를 시부모님 병수발을 들면서 투덜대는 며느리에게 "시부모 병수발을 들어줄래요? 아니면 당신이 저 자리에서 똥을 싸고 누워 자식들 수발을 받고 있을래요?" 했더니 그 후로 군소리 하지 않고 시어른 병수발을 들더라는 이야기를 듣고 한바탕 웃었다.

혼자 살아가는 생활이 슬프고 외롭다고 생각하다 우울증에 걸리기도 하는데 주저 말고 건강이 따라 준다면 밖에 나가 봉사도 하고 남들과 어울리기도 하고 이야기 하다 보면 나보다 더 어려운 사람도 많다. 그래도 나는 살만한 사람이라는 것을 곧 알게 될 것이다.

50-60에 혼자 사는 남자들 중 삶을 포기하는 사람이 여성보다 많다고 한다. 부모를 홀로 둔 자식이라면 소홀히 들어서는 안 된다. 요즘엔 효드림 텔레케어라는 독거노인을 돌보는 단체가 있다고 한다. 여기에 가입을 하면 네 가지 주요 서비스를 해 준다고 하니 눈여겨볼 일이다.

※ 첫 번째 : 응급상황대처 서비스

위급한 상황에서 보호자에게 문자로 응급상황을 전해준다.

※ 두 번째 : 말벗 서비스

효드림폰에 저장된 자녀와 통화를 하거나 건강 상담 콜센터에 전화를 하면 한 달에 300분의 무료통화를 할 수 있다.

※ 세 번째 : 자녀안심 서비스

부모님의 안전과 건강상태를 매일 오전 10시 문자로 받게 된다. 인터넷에서도 확인을 할 수 있다.

※ 네 번째 : 헬스케어 서비스

전문 간호사 및 전문가가 건강문진을 위해 통화를 하게 되고 가입 후 2년부터는 건강검진 지원금으로 10만원씩 지급된다고 한다.

가족공동체에서 떨어지고 지역공동체에서 떨어져 혼자 살면서 경제적 불안심리가 크고 미래가 불투명한 노인들의 고독사가 많아진다. 정서적 고립에서 오는 고독사를 개인의 일로만 두어서는 안 된다. 국가적 차원에서 열심히 생각해야 할 문제다. 내가 죽는다고 끝이 아니다. 고독사를 선택하는 사람들은 살아있는 가족들이 받을 고통도 생각해야 한다.

부모는 자식을 닦아주는 걸레

걸레는 집안 이곳저곳을 다니며 먼지는 물론이고 달라붙은 기름때도 자기 몸으로 말끔히 닦아주는 고마운 일을 하고 있다. 걸레를 떠올리면 누구나 더럽다는 생각부터 하게 되는데, 살기 힘들어 걸레로 쓸 천이 없었기에 걸레도 귀한 시절이 있었다.

걸레처럼 사람의 말을 고분고분 잘 듣는 물건도 없을 것이다. 사람의 손으로 할 수 없는 곳들을 걸레가 앞장서서 구석구석 빼놓지 않고 말끔히 닦고 나면 칙칙했던 기분도 덩달아 좋아진다. 걸레는 말하지 않아도 주인의 마음을 잘 안다. 주인이 깔끔한 성품이면 깔끔히 치워주고 주인이 대충대충 하면 걸레도 대충대충

해준다.

걸레가 소중하다거나 고맙다고 느끼며 살아가는 사람은 별로 없다. 사실은 없어서는 안 될 소중한 고마운 물건인데도 말끔히 닦아놓은 집에 손님이 오면 칭찬은 온통 주인에게로 돌아간다. 우리가 살아가는 생활도 마찬가지다.

힘든 일, 험한 일, 욕된 일 모두 상사를 받드는 말단 직원의 몫이다. 걸레처럼 닦아내고 수습을 해 놓으면 칭찬은 상사가 듣게 된다. 걸레에 비유를 해서 불쾌할지 모르지만 칭찬을 받아야 할 사람은 말단 직원인데 생각조차 하지 않고 상사는 말단 직원에게 고맙다는 말 한마디 없이 살아가는 것이 인간사회다.

눈이 쌓여 날씨가 푹하다 보니 길이 만신창이가 되어 차가 도로에 나가면 온통 흙탕물로 볼품없어진다. 어느 은행 말단 직원이 이런 날 도로에서 차를 말끔히 닦고 있었다. 앞으로 1m만 나가면 흙물 투성이가 될 텐데 아랫사람을 저토록 애먹이는 이유가 뭘까? 원칙만을 고집하지 융통성 없는 상사라는 것을 깨닫게 했다. 그때 그 차를 닦아준 부하 직원은 상사의 걸레가 된 것이다.

손님을 집에 초대할 때에도 귀한 물건을 들여 놓을 때도 제일 먼저 들고 나서는 건 걸레다. 가구가 놓일 장소를 말끔히 닦아주고 몸이 다 해져도 걸레는 불만도 어떤 요구도 하지 않으며 당연

한 듯 닦고 나서 불평 없이 구석에 처박히게 된다.

늘 몸이 더러운 상태로 칭찬을 받지 못해도 구석구석 닦고 쓸고 하다 보면 말을 못 해서 그렇지 집안의 모든 비밀을 가장 잘 알고 있는 것도 걸레다. 너무 힘들고 몸이 더럽도록 부려먹고도 주인은 수고했다, 고맙다는 말 한마디 할 줄 모른다. 걸레가 하는 일은 당연하다고 믿는다.

내 몸이 다 해어져 쓸데없을 때까지 인정사정없이 끝도 없이 부려 먹는다. 그래도 불평 한마디 못하고 죽을 때까지 충성을 다 해줘도 주인은 우리에게 기껏해야 추하고 더럽다고 모욕 시켜주는 일, 그것이 다다.

오늘도 거실로 내실로 신장으로 창살을 닦고 온 집을 한 바퀴 돌아 더러운 것 모두 깔끔히 치워놓았다. 내가 어릴 적 우리 엄마는 육 남매의 걸레로 살아오셨다. 그때의 어머님 모습이 기억이 난다. 우리는 왜 코가 그렇게도 많이 흘렀던지 옷소매 끝이 코를 닦아 반들반들했다.

나만 그런 건 아니다. 학교 학생 전체가 그런 모습이었다. 왼쪽 가슴에 손수건을 옷핀으로 꼽고 다니지 않으면 벌을 받을 정도로 코 닦는 일에 부모님도 선생님도 신경을 써 주셨다. 지금 생각하면 영양실조라고 한다. 늘 닦아주고 씻어주고 입혀주고 만들어주고 어머니는 우리들을 말끔히 닦아주시는 걸레였다고 생각된다. 나도 내 자식들에겐 걸레로 살아왔다.

옛날 부모들은 짧은 기간 자식들에게 걸레질을 한 것으로 아는데 지금은 손자들까지도 똥 기저귀 갈아주고 학교 수발 들어주는 할머니, 할아버지들이 있다. 그들은 오늘도 열심히 자식이나 손자들의 걸레로 살아가고 있는 할머니들이 많다.

무면허

무면허 하면 머리에 스쳐가는 예감이 있다. 불안한 마음과 믿지 못하는 불신감, 차를 몰기 위해선 우선 면허를 따야 하고 요리를 하기 위해서는 요리사 자격증을 취득해야 한다. 면허증을 따기 위해서는 실기도 익혀야 하고 필기 공부도 해야 하기 때문에 어렵고 고통이 따른다.

결혼을 하려면 남남이 모여 평생을 함께 해야 하는데 부부가 살면서 결혼 생활을 어떻게 해야 하는지, 어떤 일이 있을 땐 어떻게 해결해야 된다는 방법을 익혀 면허를 취득한 후에 결혼 생활에 들어간다면 면허 없이 결혼해버린 우리의 생활보다는 갈등이 적을 것이며 더욱 진보적이고 보람된 결혼 생활이 될 것이며 행복하게 살아갈 것이라고 생각된다.

내가 결혼 전 부모에게 받은 교육이라고는 막연히 시부모 잘 섬기고 남편 말 잘 듣고 아무리 힘들어도 잘 참아 받아야 한다, 이런 이야기만 들었지 구체적인 교육은 전혀 받지 못했다. 어떤 방법으로 어떻게 섬겨야 하며 왜 잘 참아야 하는지 이야기를 들은 바가 없었다. 그냥 때가 되면 한 남자를 만나 아기 키우며 한 가정을 이루고 살아야 된다는 것 외엔 결혼을 하면서도 아는 바가 없었다.

그렇다고 지금처럼 문화 시설이 발달한 것도 아니고 지금처럼 통신도 발달하지 못해 우물 안 개구리라는 말이 맞던 시절, 충청도에서 경상도로 시집이라고 오고 보니 환경이 달라도 너무 다르고 생활 방식이 달라도 너무 달랐다. 내가 자란 친정은 아버지가 중심이 되어 아버지가 하라면 해야 하고 쉬라면 쉬기 싫어도 쉬어야 하고 식사도 아버지가 먼저 수저를 들고 나서야 식구들이 수저를 들 수가 있었다.

6남매 자식들 중에 아버지 말에 거역하는 자식은 한 명도 없었다. 모두가 아버지 위주로 돌아가다 보니 어머니는 아버지 그늘에서 본인의 의지, 생각, 행동, 모두를 접어버리고 시녀처럼 살아가는 생활이 몸에 익숙해 있었다. 그 속에서 배운 것이라고는 여성은 지아비에게 순종하며 살아가는 게 미덕인가 보다 했다.

그런 과정에서 결혼을 하고 보니 친정 환경과는 너무도 달라 눈물을 머금고 힘들게 참아 봤지만 어른의 존재, 가장의 위치를 상실해버린 시집 식구들과의 생활에 질식할 것만 같아 도망을 가려고도 생각해 봤지만 이건 아니다 싶어 내가 변해야지 그렇지 않으면 살 수 없는 환경임을 깨달았다. 여기서부터 무면허 신부의 본색을 보이기 시작했다.

시부모 말씀이 옳으면 당연히 따라야 했지만 결혼할 때까지 누구의 어머니, 누구의 시어머니가 담배를 피우거나 술을 먹고 여자가 자녀 앞에서 술주정을 하는 것을 본 적이 없었는데, 시어머니는 이것들을 아무렇지 않게 자식들 앞에서 며느리 앞에서 다 하면서 걸핏하면 며느리에게 욕설을 하고도 부끄러운 줄 모르고 시도 때도 없이 써먹어 따를 수도 복종할 수도 없었다. 친정어머니가 올케에게 그렇게 거친 말을 하는 것을 한 번도 본 적이 없었기 때문에 그때마다 분노가 치올라 참지 못하고 부딪치다 보니 가정이 조용하지가 않았다.

무면허 부모님과 무면허 며느리가 만났으니 얼마나 위험한 일이겠는가! 그러다 보니 그 속에서 나도 자식들에게 시부모와 똑같이 무면허 부모가 되어 있었다. 자식들이 커서 3세대 무면허 자녀가 되고 3세대 무면허 부모가 나오고 나서야 3대가 모두 무면허로 살아가고 있는 것을 알 수가 있었다. 그러다 보니 시행착오는 물론이고 세대 간에 다툼도 자주 있었다.

신부 신랑이 되기 전에 몇 개월이라도 교육기관을 두어서 연수를 한 후에 결혼을 시키고 임신 전 부모 면허증을 취득할 수 있도록 하여 신혼부부는 자녀를 키우기 위해 갈등을 덜 겪고 자식들이 자라는 데 자신감을 부모로부터 얻어 사회에 나가 물의를 일으키지 않고 살아가도록 사회가 책임져 주는 날이 오기를 바란다.

기계화 되어 가는 젊은이들

가을은 어느덧 깊어 단풍이 낙엽 되어 서둘러 한 잎 두 잎 제 갈 길을 가고 있고 날씨는 잔잔한 햇빛을 깔고 누워 아직도 가을걷이를 다 마치지 못한 농부들의 일손이 바쁘게 돌아가고 있다.

살다 보면 본의 아니게 남에게 상처를 주기도 하고 받기도 한다. 나이 탓인지 상대는 별 것 아니라고 하지만, 알고서 한 말인지 모르고 한 말인지 나에겐 많은 충격으로 다가와 싸울 수도 없고 괴롭고 힘들어 무작정 집을 떠나기로 하고 아침 일찍 길을 떠났다.

오래 있을 것처럼 옷 보따리, 생활용품을 무겁게 챙겨들고 나는 남에게 상처받고 떠나지만 자신을 돌이켜보고 남은 인생 남에게 피해를 주지 않는 사람이 되어 돌아오리라 결심을 하고 서울로 향한다. 햇살에 눈이 부셔 하늘을 보지 못하고 인도블록만을 내려다보는데 수없이 뱉어버린 껌들이 햇빛을 받아 밤하늘에 별처럼 반짝인다. 정신적 충격을 받고 이렇게 무작정 집을 떠나기는 처음이다.

서울역에 내려 전철로 갈아탔는데 전차 안에 앉아있는 사람도 서 있는 사람도 저마다 일에 지친 듯 모두가 심각하고 긴장한 모습들을 하고, 웃는 사람을 찾아볼 수가 없다. 스마트폰을 숨 가쁘게 움직이며 어떤 것에 몰두하는 사람들, 옆 사람과 말을 주고받는 모습은 전혀 찾아 볼 수가 없다.

현대인들은 굉장히 중요한 것을 잃고 살아가는 게 아닌가 싶다. 사람이 사람을 보고 반가워하며 정을 느끼지 못하고 정을 나누지 못하며 사람이 소중하다는 것조차 잊고 살아가는 젊은이들. 그들은 기계와 정을 나누며 기계를 소중히 여기고 살아가는 '나홀로 족' 이라는 말을 듣고 살아간다. 젊은이들은 기계와 친하고 그것에 익숙해져 가고 있다.

경쟁과 자본주의가 압박하는 사회, 너무 치열한 경쟁 속에서 정은 메마르고 허례허식이 만연하는 사회, 가정이 흔들리고 가장의 위치가 위축되어 가는 사회, 이 모두가 한국사회가 풀지 못하는 문제들로, 이것들이 하나 둘 쌓여만 가는 젊은이들의 어깨는 무겁기만 하다. 그렇지만 이들은 아는 척도 하지 않는다.

우리는 살기 위해 열심히 앞을 향해 달려가지만 때로는 자신의 힘든 길을 벗어나 보고 싶고 자신의 생활을 돌아보는 시간을 갖고는 싶지만 그들에게는 그럴만한 여유가 없다. 숨이 막혀 가슴이 터질 것 같아도 자신의 자리를 지키기 위해 힘들게 버티고 있어야 한다.

이것을 과감히 버리고 자신의 심신을 풀어보려고 산과 바다, 타국으로 배낭을 메고 떠나는 사람들을 간혹 만나기도 한다.

자연과 하나 되어 잠시나마 자신을 돌아다 볼 수 있는 곳으로 가장 적합한 곳을 택하라면 제주도 올레길이 아닌가 싶다. 몇 날 며칠을 걸어도 싫증을 주지 않는 곳. 적당한 바람을 안고 바다와 섬을 바라보며 내 안의 나와 친구 되어 이야기 주고받으며 걷다 보면 직장도 가정도 잊어버리고 자신의 몸이 홀가분해져 기분이 좋아지는 것을 느낀다고 젊은이들은 말을 아끼지 않는다.

그러다가 간혹 서울로 올라가 직장을 버리고 이곳으로 내려와 황혼의 보금자리를 새롭게 꾸려가는 젊은이들도 요즘은 더러 보인다. 우리는 아무리 힘들고 어려워도 이웃 사람만큼은 소중하게 여기고 존중해야 한다는 것을 명심하고 우리가 살아가는 데는 자연만큼 도움을 주는 게 없다는 것도 머리에 담고 살기 좋은 사회를 만들어야 후손들이 건강하게 살아가지 않을까! 생각한다.

서울로 온 지가 3일 되었다. 딸은 병원에 가고 사위와 손녀 손자를 데리고 인천 대교를 지나 월미도에 도착했다. 넓게 펼쳐진 바다에 아픈 마음 설레설레 풀어 던져버리고 남은 여생 물처럼 고요히 부딪치지 않고 홀가분한 마음으로 살아가리라 생각을 하고 7일 만에 집으로 돌아왔다.

70 · 80세대들에게 TV는 효자다

70 · 80세대들 중에 남편 잃고 아내 잃고 자식들로부터 외면 당한 사람들이 TV마저 없으면 얼마나 적적하고 삶이 지겹고 외로울까! 옛날엔 대다수 사람들이 낮에는 농사를 짓고 밤에는 길쌈도 하고 대가족이 살았기 때문에 일에 시달리고 몸은 피곤하고 24시간이 짧아 심심할 틈이 없었지만, 지금은 옛날처럼 샘물을 길어다 밥을 짓는 것도 아니고 개울에 모여 빨래를 하는 것도 아니지만 외롭고 힘든 것은 길어진 수명과 핵가족 사회가 가져다준 산물이다. 70 · 80세대들은 외롭고 고통스럽고 지루한 겨울밤을 TV 덕에 다소라도 고통을 잊고 살아갈 수가 있다.

노인들은 TV를 통해 가보지 못한 명승지를 구경도 하고 관절이 아파 걸음을 걷지 못 해도 앉아서 즐기며 살아가는 데 TV가 유일한 벗이 아닐까 라는 생각이 든다. 이는 바보상자가 더 이상 아니다. 불효자들의 자리를 대신하는 효자 역할을 하고 있다.

잠이 오지 않아 틀어놓으니 케냐 투루카라 족들의 삶을 보여주고 있었다. 나무와 물이 부족한 나라, 바람과 돌이 많은 나라. 이들은 염소를 키우며 유목 생활을 하고 살아간다. 오래전에는 이 땅에 나무가 많았었는데 대책 없이 연료로 모두 베어버린 후 돌이 깔려있는 황무지가 되었다고 한다.

이들은 살다가 어려우면 미련 없이 살던 곳을 떠나기도 한다. 여자와 아이들은 나무를 구해오거나 모아 놓았다 팔아서 생계를 이어가기도 한다. 얼마 되지 않는 것을 머리에 이고 등에 지고 3시간 좋게 가야 팔 수가 있었다. 한 끼 식사에 필요한 돈은 우리 돈 500원이 있어야 살아갈 수 있는데 힘들게 가지고 가봐도 기껏해야 300원 정도를 받는다고 하니 생활이 얼마나 어려운지 짐작할 수 있다.

남자들은 호수로 나가 뗏목을 띄우고 그물을 쳐서 고기를 잡아오는 게 생활 방식이다. 여자들은 황토를 기름에 개어 머리 염색으로 쓰기도 하고 불에 그슬린 솥바닥의 검정을 긁어서 기름에 개어 머리에 바르기도 한다. 아이들은 흔한 축구공 하나 없어

실 뭉치를 가지고 돌바닥을 맨발로 뛰어다니며 놀고 있었다. 그렇지만 아이들 얼굴에서 그늘이라고는 찾아볼 수가 없고 최고의 행복한 시간이고 가장 즐거운 시간으로 보였다.

가진 것 없는 아이들이지만 티 없이 호탈하게 웃어대는 그들 모습이 참으로 행복해 보였다. 아이들이 아홉 살이 되면 성인 의식을 한다고 한다. 오늘은 한 아이가 성인 의식이 있는 날이다. 마을 전체가 술렁인다. 성인이 되기 위해서는 앞 치아 두 개를 발치해야 한다. 생각만 해도 끔찍한 일이었다. 어머니가 발치의 기구로 쓸 숟갈을 돌에다 갈고 있었다.

성인 의식을 하기 위해 온 마을 사람들이 한자리에 다 모였다. 춤과 노래로 성인 의식을 축하하게 되는데 성인이 될 아이에게 용기와 위로를 주기 위해 춤과 노래를 부르며 흥을 돋운다. 춤은 마음과 마음을 열어주는 마법이 있다고 한다. 이를 발치해야 하는 아이는 겁에 잔뜩 질려 눈물을 참느라 너무 힘든 모습이었다. 정말 생각만 해도 몸이 오싹해온다. 아이는 이내 소리 없는 눈물을 자기도 모르게 입술까지 적시고 공포에 질린 모습을 확연히 드러낸다.

열심히 추던 춤을 멈추고 아이를 땅바닥에 뉘여 놓고 마을 사람들은 아이가 꼼짝할 수 없게 여러 사람이 누르고 입을 벌려 엄마는 아이의 고통을 줄여주기 위해서 바짝 긴장을 하고 빨리 이를 뽑으려고 서두르는 모습을 볼 수가 있었다. 놀란 나도 가슴이 너무 아프다. 어떻게 저렇게 잔인한 짓을 할 수가 있을까? 받아들이기에는 너무 힘들지만 아이는 현실을 외면할 수는 없는 입장이라 죽을힘을 다해 발치를 허락한 후 피를 입 가득 쏟아낸다. 닦아 줄 휴지조차 없어 울퉁불퉁한 돌로 입에서 흐르는 피를 닦아낸다. TV가 없으면 이런 나라가 있다는 것을 70 · 80세대들이 알 수가 없을 것이다.

황소 같은 커다란 눈으로 눈물을 쏟으며 일어난 소녀는 눈물을 보이지 않으려고 눈엔 눈물이 고여도 잘 참아냈다는 듯 입으로는 웃음을 보이고 있었다. 어미의 가슴인들 왜 아프지 않았을까! 그 아픔을 이미 겪은 터라 너무도 잘 알겠지. 고통은 아이가 살아가는 데 강인한 정신력과 인내심을 만들어 줄 것이고 살아가는 데 자신감을 가져다 줄 것이다. 이를 뽑는 원인도 그런 뜻에서가 아닐까싶다.

아이들이 아파도 병원도 없고 돈도 없어 치료를 받을 수도 없고 닭을 잡아 아이에게 주술의식을 하는데 이때 마귀가 나간다고 믿는다. 온몸을 닭의 날개로 두들겨 주면 닭은 놀라 죽기 살기로 날개를 파드득거리고 아이는 자지러지게 운다. 파드득거리는 닭의 날개로 아이의 몸을 한참 두들겨 준 후에 닭의 내장을 꺼내 아이의 입술에 갖다 댄다.

살기 어렵고 힘들어도 그들의 법칙을 소중히 여기고 희망을 잃지 않는 사람들. 노래와 춤으로 용기를 얻으며 자연에 늘 감사하는 사람들. 먹을 것이 풍족하지 않아도 연애를 하고 자연스럽게 스킨십을 하며 오지 마을에도 짝짓기 문화가 있다는 것을 보여준다. 우리는 우리가 편히 살아갈 수 있도록 만들어 준 선조들에게 감사하며 살아야 될 것 같다.

멋지게 사는 인생

여기에 멋진 인생 3쌍이 있다. 여름철 장사를 해서 겨울철 비수기에 부부 배낭여행을 다닌다는 부부와, 헬기 조종사를 하다 멋지게 여행을 다니며 남을 즐겁게 해주고 살고 싶다는 부부, 학교 동창생으로 부부 인연을 맺고 남편은 씨름 선수로 아내는 여교사를 하면서 남편 권유로 우리나라 1호 씨름 심판원이 된 부부 세 쌍이 있다. 공통점은 해외여행을 즐기며 부부 금실이 남보다 월등하다는 점이다.

여름철이면 계절 음식을 팔고 비수기에는 여행을 다니는 부부.

사람이 돈을 벌어 두고 죽는 것 보다 가진 것 다 자신을 위해 멋지게 쓰고 죽는 게 좋다는 생각이 들어 보약 먹고 젊어지고 건강하기를 바라는 것 보다 여행 다니며 쓰고 느끼고 즐기며 마음도 몸도 즐거우면 저절로 정신이 맑아지고 젊어지고 건강해진다는 생각이 들어 하루에 1시간씩 산책을 해서 체력을 보강하고 서로의 마음을 털어놓는 기회도 만들고 사랑도 확인하고 스킨십을 하며 여행 중 보고 듣고 느낀 것을 강의도 다니며 각 지역과 다른 나라의 풍경과 풍속을 담은 책도 쓴다고 한다. 정말 멋진 부부다. 자기가 좋아하는 일을 하면서 돈을 번다는 것은 정말 멋진 인생이다.

아내는 돈을 절약하기 위해 남편을 따라 나선 것이 이제는 해외 나가 많은 것을 보게 되니까 1년을 살아도 많은 세월을 살아온 느낌이 든다고 한다.

헬기 조종사로 일을 하던 부부는 멋지게 살고 싶어 직장을 명예퇴직을 하고 부부 색소폰을 불며 웃음치료사로 지쳐있는 관광객들을 즐겁게 해주고 본인도 즐겁게 살고 있으며, 가보고 싶은 곳을 자유롭게 다니지 못해 아쉬웠었는데 이제 아내와 함께 여행을 자유롭게 다닐 수 있어 고기가 물을 만난 것처럼 기쁘다고 한다.

해외 나가 관광 열차를 타고 관객들 앞에서 레크레이션을 하면서 자기도 모르게 흐트러지면 관광객들이 자기를 보고 즐거워할 때 본인도 즐거워질 수밖에 없다고 한다. 그는 거짓말을 할 줄 모르는, 진실만을 이야기 하는 사람이라는 말도 덧붙인다.

기회만 있으면 아내를 끌어안고 엉덩이를 부드럽게 치며 “천사님, 고마워요. 행복해요.”라고 말을 해준다는 남편. 우리나라 남성들 중에 이렇게 표현을 하며 살아가는 남편들이 몇이나 될까? 예쁘면 처가 말뚝 보고도 절을 한다고 하지 않았던가! 장모님을 껴안고도 “어머님, 순이는 똥도 버릴 게 없어요. 참 예뻐요.” 한다고 하니 처 이름이 순이인 모양이다. 어느 장모가 그 말을 듣고 사위를 좋아하지 않겠는가! 세상에 제 딸 좋다고 칭찬하는 사위를 안 예뻐할 장모님이 어디 있을까? 늘 아내에게 애정표현을 하는 남편을 보면서 아이들까지도 엄마를 끌어안고 “엄마 사랑해요. 예뻐요.”라고 한다고 하니 이런 것을 보고 부모의 행동이 자식에게는 산 교육이라 하나보다.

이런 남편에게 아내는 바라보기도 아깝고 소중한 남편이라고 하며 헬기가 뜨면서 집에 돌아올 때까지 긴장이 된다며 무사하기를 기도하고 남편이 돌아오면 “하느님, 무사히 돌아오게 해주셔서 감사합니다. 정말 감사합니다.”라는 기도의 말을 아끼지 않는다고 한다. 조종사로 있을 때 헬기를 타고 같이 가면서 너무 감동이 북받쳐 울었다고 한다. 오늘날까지 바가지를 한 번도 긁은 일이 없고 싸움을 한 적은 더욱더 없다고 하니 누구나 할 수 있는 일은 아니다. 이렇게 부부가 서로를 위하며 살아야 하는데 모든 사람들은 일이 바쁘다는 핑계로 밥도 같이 먹을 시간도 없다고 생각하고 살아간다.

초등학교 동기로 부부 인연을 맺자 남편은 씨름 선수로 아내는 씨름 심판원으로 우리나라 여성으로서 심판원 자격 1호를 땄다고 한다. 선수는 몸 관리가 중요한데 100kg이 넘으면 백두장사급, 100kg 이하는 한라장사급이라고 한단다. 남편은 한라장사를 8번이나 했으며 씨름 심판 자격증을 따게 된 것은 남편의 권유였다고 했다.

씨름판에 판정을 보기 위해 경기장에 들어가면 긴장의 연속이라고 한다. 자세는 선수보다 더 낮게 해야 하는데 모래판에서 자세를 낮게 한다는 게 어렵고 늘 방송국에서 중계를 하게 되니까 신경이 쓰이고 긴장을 하게 된다고 한다. 남편이 씨름을 하게 되면 신경 쓰일까봐 집에서 TV로 보고 있다고 말을 한다. 씨름 선수의 자세는 머리는 11자를 해야 하고 등은 수평을 잡아 줘야 하며 무릎 위가 먼저 모래판에 닫는 사람이 패자가 되며 이긴 편의 손을 들면서 호각을 분다고 했다.

우스갯소리로 남편이 청혼을 할 때 씨름 선수들은 체구가 크고 많이 먹는다고 하는데 많이 먹으면 결혼을 하지 않겠다고 남편에게 말을 했단다. 이 세 쌍의 부부처럼 모든 부부들이 서로 사랑하며 챙겨주고 아껴주면서 여유 있게 여행도 하면서 살아간다면 밝은 가정, 살기 좋은 세상이 만들어 질 것 같다.

애간장 태우는 세월호

세월호가 전남 진도군 조도면 병풍도 북쪽 20km 해상에 침몰된 지 일년이 넘었지만 아직도 이야기는 끝나지 않았다. 세월호가 침몰을 당한 것은 선박 안전을 무시한 선박 회사 청해진해운의 직원들로 인한 해상 사고이다. 2014년 4월 16일 김천 노인종합복지관 어르신들이 삼천포로 봄나들이 가는 날이었다.

노인복지관 어르신들이 관광차에서 모니터에 나오는 노래를 따라 부르고 있는데 9시를 지나 뉴스특보로 자막이 하나 뜬다. 안산 단원고등학교 학생들을 포함해서 476명이 세월호에 탑승을 하고 인천항을 출발해서 제주도로 가고 있는 도중 사고가 발

생했다고 했다. 7월 24일, 100일이 지났는데 구조된 사람은 172명이고 사망자 수는 294명이라고 한다. 사망자 가족들은 악몽에서 벗어나지 못하고 구조된 사람들조차도 병원에 있거나 정상적인 생활을 하기가 어렵다고들 한다. 이제 10구의 시신을 찾아내면 되는데 찾지 못하고 시간만 허비하고 진도 팽목항에도 많은 봉사자와 사망자 가족들이 떠나고 일부 봉사자와 사망자 가족들은 진도 체육관에서 숙식제공을 받으며 시신이라도 가족의 품으로 돌아와 주기를 애타게 기다리고 있다.

세월호에 남은 사망자는 단원고 학생 5명과 교사 2명과 일반인 3명 등이라고 한다. 날이 갈수록 구조는 힘들어지고 잠수부 사망자도 생겨나고 부상자도 늘어나 거센 폭풍은 바다에만 일어나는 것이 아니고 전국이 들썩거려 온 나라 국민이 일을 제대로 할 수 없게 되고 경제도 침체되어 모두가 힘들지만 어느 누구도 사망자 가족들 앞에서는 말을 꺼낼 수가 없었다.

100일이 넘도록 잠을 이루지 못하고 TV에서 눈을 돌릴 수가 없었다. 이유야 어찌 되었건 생명은 소중한 것이고 하나하나가 다 귀중한 것이다. 세월호의 침몰을 놓고 해경이 늦장을 부려 희생자가 늘었다느니, 세월호 직원들이 자기만 살려고 학생들을 방치하고 도망쳐 나왔다느니, 내복 바람에 신도 신지 않고 나오는 세월호 직원을 보고 온 국민이 분노를 느꼈다. 누가 봐도 그는 자다 나온 사람으로 보였다. 그 모습을 보고 모두가 죽일 놈이라고 말을 했다. 세월호를 책임져야 할 사람이 그렇게 나와 버리니 사망자는 많아질 수밖에 없는 일이다. 말도 많고 탈도 많았지만 냉정히 생각해보면 대구 지하철 화재 사고나, 경주 마우나리조트 붕괴 사고로 사망한 사람들과 세월호에서 죽은 사람은 장소만 다르지 무엇이 다를까? 왜 유별나게 세월호에서 사망한 사람만을 의사자로 만들려고 하는지? 국민들은 유공자를 모독하는 일이라며 분노하고 반대 의사도 만만치가 않다.

의사자議死者란 자신의 직무 외의 행위로서 다른 사람의 생명, 신체, 재산의 위급한 재해를 구제하다가 사망한 사람을 말하는데 세월호에서 사망한 사람과 의사자와는 연관시킬 수 없는 일이다. 한 생명이 죽든 300명이 죽든 사람의 생명은 다 소중한 것이다. 세월호 침몰 당시 승객의 탈출을 돕던 희생자 박지영, 김기욱, 정현선 등은 의사자로 지정되어 국가 보상금 외에 각각 2억 291만원의 보상금을 추가로 받게 된다고 한다. 이제 전 세모그룹 회장 유병언(73세)이 영원히 돌아오지 못할 머나먼 길을 떠났다.

그의 시신은 7월 12일 오전 9시 6분께 전남 순천시 서면 학구리 박 모 씨의 매실 밭에서 몹시 상한 채로 발견되어 박 모 씨도 경찰도 이를 노숙자의 시신으로 생각하고 유병언이라고는 생각지 않았다는 것이다. 18일 만에 시신이 그렇게 부패될 수 있느냐며 시신을 바꿔치기 한 것이 아니냐고 의심하는 국민들도 많았다. 사체는 유병언의 DNA와 일치하고 7월 25일 부검결과를 과학수사 연구원이 유병언이라며 과학적으로 의심할 여지가 없다고 발표를 했다.

유병언의 키는 병원 기록에 160cm이고 시신의 키는 159cm 정도라고 하며 주치의가 들고 온 치과기록과 유병언의 이가 일치했으며 시신이 많이 부패된 것은 낮 기온이 높았고 비도 오고 해서 외국의 예를 봐도 그럴 수가 있다고 한다. 전 세모그룹 회장인 유병언도 양심을 저버리고 살려고 도피를 했지만 결국은 세월호에서 희생된 영혼들을 뒤따라갔다.

그의 장남 유대균(44세)도 4월 19일 출국금지령이 내리자 국내를 빠져나가지 못하고 7월 25일 19시경에 경기도 용인 오피스텔에서 박수경(34세)과 같이 체포되었다.

시는 여유와 감동을 준다

시를 쓰겠다고 나선 지가 십여 년이 되었다. 나의 삶이나 감정에 뿌려진 아름다운 글들은, 나의 주변을 아름답게 물들이고 생활에 여유도 주었고 계절 따라 많은 변화를 가져다주었으며 여름이면 온통 꽃과 초록으로 물든 삶을 살게 한다.

자유를 누리며 행복을 추구하며 살아가면서 시라는 글을 접하면서 닫혀진 마음속 깊은 곳에 감추고 살아가는 뿌리까지 겉으로 들추어내도 뿌리는 마르거나 시들지 않으며 부끄럽지 않은 모습으로 드러난다. 오늘은 교도소에 야생화 전시를 하기 위해 처음 들어가기 때문에 설레며 호기심도 생긴다. 내일 법무부장

관이 다녀간다고 해서 부탁을 받고 들어간다. 막상 들어가려니 두려운 생각과 궁금했던 의혹이 풀릴 것만 같았다.

들어가는 관문이 네 겹으로 되어있고 경비원에게 모든 소지품을 다 맡기고 들어갔다 나올 때 찾아 가지고 나오게 된다. 죄수들이 교도소에서 출감할 때 자립할 수 있도록 이곳에서 기술을 가르쳐 자격증 취득을 하고 자립금도 모으기 위해 좋아하는 일을 가르쳐 형을 살고 있는 동안 용돈도 벌 수 있도록 도와주며 몇 퍼센트는 저축을 하게 한단다.

취미생활, 문화생활을 할 수 있는 공간도 충분히 열려있었다. 안양 교도소에서 시를 가르치는 것을 봤는데 처음엔 말이 없고 웃음도 없으며 경계심을 갖고 사람을 대하던 죄수들이 시를 만나면서 서서히 닫친 마음을 열기 시작하고 웃기도 하는 것을 보고 역시 시는 힘든 사람들의 가슴을 움직이는 묘약이구나 하는 생각이 든다.

선생님은 시는 머리로 생각으로 쓰는 것이 아니고 가슴에 쌓인 것들을 가슴으로 마음으로 느낌으로 풀어내는 것이라고 설명을 하고 A4용지를 주시며 그냥 느끼는 대로 생각나는 대로 쓰고 싶은 대로 써보라고 했다. 한 죄수는 부모님이 어렸을 때 술을 많이 드시고 매질을 하면서 '네놈은 평생 동안 사람 노릇 못 할 놈이다.' '네놈이 사람 노릇하면 내 손에 장을 지진다.' 라는 말을 계속 하는 것을 듣고 자랐고 매가 무서워 가출을 했다고 했다. 부모님의 생각 없이 한 말 한마디가 아들의 운명을 바꾸어 놓는다. 글을 읽는 것을 듣고 보니 부모의 말이 자식에게 독이 되어 여기까지 오게 했구나 하는 생각이 든다. 어떻게 자식의 앞을 막는 모진 말을 거침없이 자식에게 할 수가 있을까?

막내라고 불리는 젊은이는 한참 학업에 열중해야 하는 어린 나이인데 학창시절 공부는 포기하고 오토바이 타고 다니며 많이 방황을 하고 아이들과 싸움도 많이 하고 사람들을 괴롭혔다고 하면서 내 잘못을 진작 뉘우치고 정신을 차렸더라면 지금의 이 꼴은 아니었을 텐데 하면서 후회하고 반성하는 모습을 보여줬다.

이번에 출감하게 되면 내가 하고 싶은 정비소를 차려 어머니가 더 이상 울지 않게 잘 살아갈 것이라고 했다. 용지에 시를 쓰라고 했는데 A4용지에 여자를 한 사람 그렸다. 무슨 뜻이냐고 물으니 어머니라고 하며 밑에다 '어머니 더 이상 울지 말아요.'라고 적어 넣는다.

딸과 아내를 두고 입소했다고 하는 분은 어렸을 때 아버지가 자기처럼 살아 아버지가 그렇게 싫었다며 나는 그렇게 살지 않겠다고 두고두고 다짐을 하고 살았는데 내 딸 앞에서 아버지와 똑같이 살고 있으니 딸이 나를 싫어할 것을 생각만 해도 두렵다며 어쩌다 이렇게 됐는지 가슴이 터질 것 같다며 차가운 눈물을 쏟았다.

시를 쓰기 시작하고 그분들은 백팔십도 달라져 있었고 마음에 큰 짐을 지고 살다가 시를 통해서 아무에게도 말하지 못했던 비밀을 털어놓으며, 자신들을 이렇게 만든 원인이 모두 부모의 탓이라고 생각하고 응어리가 세월이 가면 갈수록 단단히 뭉치고 가시처럼 자라 복수의 기회를 생각하며 살아온 지난날이 후회스럽고 '지구를 거꾸로 돌릴 수 있다면 얼마나 좋겠어요.' 한다.

자기와 무관한 사람들을 망치고 자신을 망가트린 것을 미처 몰랐다며 다시는 되풀이되는 일이 없도록 마음을 다짐하고, 이다음에 작은 식당이라도 할 생각으로 식당일을 하고 있다며 구슬땀을 흘려 온몸이 다 젖어 버렸다. 시를 쓰니 마음도 편안하고 밖에 나가면 딸과 아내와 행복하게 살아갈 수 있을 것이라며 웃음을 웃는다.

며칠 후면 열심히 쓰고 있는 시들을 시집으로 만들어 가족에게 바치는 시 낭송회를 가족들 앞에서 하게 된다. 그 시간이 매우 기다려지는 모양이다. '왜' 그렇지 않겠는가! 한 분은 집에 있을 때 기타를 늘 들고 살았었다며 부인에게 좋아하는 노래를 시와 함께 바치기 위해 추운 겨울 온기라고는 없는 강당에서 혼자 손을 호호 불며 매일 연습을 했다고 한다.

시 낭송회 날이 그들에게는 교도소 생활 중 가장 기다려지는 날이었는데, 그날이 왔다. 가족들 역시 보고 싶은 남편을 위해서, 자식을 위해서, 아버지를 생각하며 밤잠을 설쳤을 것이다. “3년을 이곳에서 생활을 했는데 내 모습이 너무 변하고 늙어서 딸이 보고 놀라면 어쩔까요? 잘 보이고 싶은데요.”하면서 거울 앞을 서성거리는 그 마음 어찌 우리가 알겠는가! 그들이 써놓은 시는 모두를 울게 만들고 생전에 들어보지 못한 남편의 가슴에서 흘러나오는 진심이 담긴 시를 들어보고 있던 아내의 눈에서 소리 없이 흐르는 눈물이 두 뺨을 적시며 보는 이의 마음도 아프게 했다.

딸의 얼굴에 열이 나도록 비벼대는 아비의 눈에서도 눈물이 그칠 줄 모르고 가족이라고 하면서도 멀기만 했던 그들의 사이는 한걸음 다가가 서로를 부둥켜안고 이다음 만날 땐 오늘 같은 마음으로 만날 것을 약속하는 자리가 되었다.

시 낭송회가 끝나고 모두가 한자리에 앉아 집에서 정성들여 만들어온 음식들을 나누어 먹으며 죄수라는 것을 잠시나마 잊게 한 가족이 서로에게 힘이 되는 즐거운 잔치가 벌어졌다. 그것을 지켜보는 나도 어미의 입장에서, 형제의 입장에서 가슴이 찢어진다. 웃고 즐기는 것을 보면서 내가 쓰고 있는 시가 많은 사람들에게 생활의 변화를 주고 용기를 준다는 것을 깨닫게 한다.

앞으로 내가 쓰는 시가 나 자신을 즐기기보다는 힘들어 하는 사람들 마음을 찾아가는 시가 되기를 바라며 마음을 다진다.

노인 복지관 컴퓨터 교실의 하루

노인 복지관 컴퓨터를 담당하고 있는 선생님은 아버지 같고 어머니 같은 65세 이상 80세를 훨씬 넘긴 어르신들 170명을 10반으로 나누어서 아침 9시부터 14시까지 쉬는 시간 없이 자리에 앉아보지도 못하고 한글과 인터넷 검색, 메일, 파워포인트, 포토샵, 동영상 등등을 발로 뛰며 개인지도를 한 지가 만 7년이 흘러갔다.

젊은이 같으면 학자가 될 만큼 배웠는데 한 가지 가르쳐주면 며칠 후에는 다 잊어먹는 어르신들이다. 7년을 배우고 나니 젊은 사람 같지는 않아도 서로 메일을 주고받으며 모르는 것 있으면 서툴지만 인터넷 검색도 하고 동영상도 만들어 지인들에게 보내주면서 힘든 노년을 컴퓨터에 의존해 즐기다보니 늘 수업 시간이 즐겁기만 하다. 한 달의 여름 방학이 끝나고 2015년 2학기 수업이 시작되었다.

노인 복지관에서는 65세 이상, 많게는 80세를 넘은 어르신들을 위해 컴퓨터반, 탁구반, 가요반, 외국어반 등등 26개 과목을 가르치고 있다. 그중에서 가장 인기 종목은 컴퓨터, 탁구, 요가, 스마트봉 운동이다. 해마다 다른 과목과 달리 추첨을 거쳐서 어렵게 들어오게 된다. 학생들은 2015년도 추첨에 붙기를 바라면서 선생님과 다시 수업을 할 수 있는 행운이 오기를 기다린다.

선생님보다 학생들이 사회면에서 많은 경험을 하고 살아온 어르신들이라 그분들대로 고집이 있고 자존심이 있어 배우려는 열성은 있지만 이미 세포가 줄어들고 있어 선생님 말을 이해 못하고 고집을 부릴 때면 어르신들 자존심 다칠까봐 마음 다치지 않게 이해를 시키려고 많은 노력을 하는 모습이 몸에 배어있다.

시설이 열악한 환경이라 거의 개인지도를 하고 있는 셈이다. 18명에게 1시간 동안 개인지도를 하다 보니 시간이 짧아 이리 뛰고 저리 뛰고 힘들어도 지친 기색이라고는 찾아볼 수가 없다. 컴퓨터 교실엔 처음부터 선생님 의자가 없다. 다행히도 선생님은 잘 빠진 몸매에 부모로부터 건강한 체력을 물려받은 것 같았다.

학생들은 농담 삼아 “선생님은 여경찰이 딱 어울릴 것 같은데요.” 하면서 농담을 주고 받기도 하고 긴장을 풀기도 한다. 몇 번을 가르쳐도 이해를 못하고 절절맬 때는 “그렇게 여러 번 듣고도 그걸 몰라요.” 하고 소리를 버럭 지르지만 그 소리에 주눅이 들거나 삐지는 어르신들은 없다.

자주 듣다보니 예사이다. 우리들에게 그 고함 소리는 “아버지 어머니 저는 당신들을 사랑합니다.” 이런 말로 들려오기 때문에 학생들은 하하하 웃으며 쌓인 스트레스도 날려 보내고 동료들 간에 친목도 다진다. 한편으로는 젊은 선생님의 사랑과 웃음 속에는 열심히 가르쳐도 말귀를 못 알아듣는 어른들 때문에 답답하고 숨 막히는 스트레스가 왜, 안 쌓이겠는가!

어느 날 힘들어 보이기에 “선생님, 매일매일 수업시간에 느낀 것들을 글로 써 모아보셔요.” “세월이 흘러 선생님이 나처럼 노인이 되었을 때 좋은 수필집이 될 거요.”라고 위로를 한 적이 있다. 나이 많은 어른들을 학생으로 모시고 수업을 하다보면 이해력이 떨어져 어렵고 힘들어 울어도 시원치 않을 상황에서 늘 웃음으로 대하기란 쉬운 일은 아닌데도 젊은 나이에 잘 참아 넘기는 지혜가 엿보인다.

독수리타법으로 세월없이 두드리며 배우려고 애를 쓰는 어르신들에게 하나라도 더 가르쳐 컴맹에서 벗어나게 해주려는 선생님의 노력이 오늘도 복지관 어르신들에게 전해온다.

동생을 돌보는 꼬마

가난은 나라도 못 말린다더니 박근혜가 나라의 가난을 몰아내겠다며 18대 대통령에 출마를 결심했다. 박근혜는 한참 자신의 꿈을 펼치기 위해 지식을 쌓아야 할 대학 시절에 어머니를 잃고 어린 나이에 영부인의 빈자리를 채우면서 아버지의 정치생활을 눈여겨보면서 살아왔다.

간혹 듣는 말이지만 박정희 대통령이 독재를 해왔다며 그의 업적을 끌어내리려 하는 사람도 있지만 국민 대부분은 우리가 지금 선진국 대열에 끼어 잘 살아갈 수 있도록 기초를 마련한 사람은 박정희 대통령이라고 한다. 박근혜는 국민의 뜻이 무엇인지 잘 알고 국민들도 대통령의 뜻에 따라 주리라고 믿는다.

빈부의 차이는 날로 커져 잘 사는 사람은 재물이 넘치고 하루 두 끼도 챙겨먹지 못하고 쩔쩔매는 가정도 적지 않게 늘어나며 올해는 영하 15~18도를 넘나드는 추위 속에 월세금은 말할 것도 없고 가스까지 끊기고 아버지는 손수레로 식품을 팔아 아들에게 밥이라도 먹이려고 눈 쌓인 거리를 헤매고 다녔지만 가는 곳마다 가게 주인은 자기 집 앞 거리가 자기 땅이라도 되는 양 반 평도 안 되는 도로를 빌려주기 싫어 손수레를 발로 차고 냉혹하게 등 떠밀어 쫓아버린다.

다른 곳으로 가 봐도 마찬가지, 온종일 쫓겨 다니며 팔아 봐야 어린 자식 두 입에 밥풀칠 할 몇 푼의 자금도 마련하지 못하고 집에서 추위에 떨며 못난 아버지를 기다릴 자식들을 생각하면서 거리에다 리어카를 받쳐 놓고 뜨거운 눈물을 쏟으며 눈 위에 주저앉아 맥 놓고 울고 있는 젊은이를 보는 마음이 분노에 젖는다.

대통령은 이런 어린이가 없도록 노력해야 한다. 말로는 어린이는 나라의 기둥이고 희망이라고 외치는 정치인들은 어디로 가고 저런 어린이를 외면하는 걸까? 개도 먹지 않는 돈을 쌓아두고 자기 낯내기에 바쁜 재벌들은 수억의 세금 탈세를 해도 잘도 살아가며 자기 낯내느라 다른 나라에 굶주린 아이들에게는 쉽게 손을 내밀면서 왜 눈앞에 보이는 내 나라 어린것들의 굶주린 사실은 모른 척하는 걸까?

아이들이 가스 끊긴 냉방에서 형이 아빠가 없을 땐 자기가 동생에겐 아빠라고 스스로 생각하며 고사리 같은 손으로 동생을 돌본다. 아버지가 장사 나간 빈자리를 채우기 위해 반지하방에서 형은 동생의 대소변은 물론 세수도 시켜주고 옷을 버리면 다른 옷으로 갈아입히기도 한다.

아이의 엄마는 가난이 싫어 아들을 버리고 집을 떠나고 아버지는 어쩔 수 없이 아이들을 데리고 식품 장사를 시작했다. 아이들은 스스로 밥을 챙겨 먹어야 했고 없으면 굶은 상태로 냉방에서 잠이 든다. 형이 전기방석을 덥혀서 잠든 동생의 어깨를 감싸주고 자다가 잠이 깨면 일어나 동생이 추울까봐 어깨를 덮어 주었던 방석을 다시 등에다 깔아 주고 자기는 얼음장 같은 장판 위에 몸을 누이고 동생을 부둥켜안고 잠든 모습은 병아리가 몸을 붙이고 잠든 모습과 흡사해 내 자식들이 크던 모습을 생각하며 깊은 잠이 오지 않는다.

아버지는 자정이 되어서 들어와 저녁도 굶은 채 가엾게 잠든 아들의 모습을 보고 소리 없이 눈물을 다시 쏟아낸다. 그 모습을 본 사람이라면 누구나 눈시울을 붉히지 않을 수가 없다. 정치인들은 이같이 힘들게 살아가는 이웃도 모르면서 북한 동포들이 굶주리고 있다며 많은 물자를 보내주고 있다. 정치인들이 조금이라도 양심이 있다면 사각지대에 놓인 이들을 챙기는 것이 순서가 아닐까 싶다. 이제까지 이북에다 그렇게 퍼주고 우리가 받은 게 무엇인가? 제발 각성을 하고 이제라도 내 이웃 좀 살펴보라고 하고 싶다. 한 해 동안 생활고로 가족이 집단 자살을 하는 이웃이 얼마나 많은지. 굶주린 내 이웃에게 기초생활비가 충족되도록은 정부가 책임져 주어야 하지 않겠는가!

요즘 농담 반 진담 반으로 노인들 사이에 오고 가는 말이 있다. 많은 재산을 자식들에게 미리 주면 굶어 죽고 반을 주면 시달려 죽고 안 주면 맞아 죽는다고 한다. 그냥 농담으로 웃어넘길 일만도 아니다. 이웃이 죽는지 사는지도 모르고 정성을 다해 키운 자식이 부모를 극진히 모셔도 못 할 텐데 재물 때문에 부모를 불 질러 살해하는 일도 있지 않았던가! 이런 부끄러운 일이 더 일어나서는 안 된다.

다행히도 올해는 자선 냄비에 익명으로 몇 억을 넣고 간 사람이 있었다. 대단히 칭찬받을 일이며 그뿐만 아니라 2012년 4월에 모 성당을 찾아와 익명으로 해달라며 평생 벌어 모은 돈에다 퇴직금까지 보태서 죄수자들이 사회로 나와 자립하는 데 써 달라고 3억을 놓고 갔다는데 이런 많은 돈이 굶주리는 어린이들에게도 고루 혜택이 가서 모두가 의식주만은 해결을 했으면 한다.

3부

자식은 부모를 따르지 못한다 | 생명의 땅 은인의 땅 | 개가 가장 싫어하는 칠팔월
무녀는 어떤 사람인가 | 박정희 대통령 기념관 | 약자는 강자의 먹이다
6 · 25 전쟁 휴전 60주년 | 좋아하는 일이 직업이 되면 행복하다
힘들고 괴로울 땐 잠이 최고 | 혼이 사람을 도울 수 있나 | 정치는 욕심보다 덕으로

자식은 부모를 따르지 못한다

낮에 친구가 찾아와 한 이야기가 생각난다. 당상나무를 베어야 되는데 모두가 해를 본다며 나무를 베지 않으려 하는데 친정아버지는 그게 미신이라며 미신을 믿지 않는다고 자청해서 당상나무를 베어준 후 시름시름 아프다 돌아가셨다는 이야기를 듣고 혼자서 생각해본다. 지금은 아주 보기 드문 일이지만 1960년대에는 흔히 볼 수 있었던 일이었다. 동네 입구에 들어서면 마을을 지키고 있는 커다란 당상나무와 돌로 쌓아놓은 서낭당 탑이 있었다. 과학이 발달하지 못하고 시야가 좁아 병이 나도 사람들은 미신으로 해결을 하려고 하던 시대다.

내가 자란 고향 마을에도 마을을 들어서면 커다란 당상나무 옆에 큼직한 돌을 세워놓고 마을 사람들은 들며 날며 두 손 합장하고 잘 되게 해달라고 빌던 때가 있었다. 마음이 허약한 사람들은 이곳에 마음을 의지하며 소원을 빌기도 하고 좋은 일이 일어나기를 소망하기도 했다. 그 당시 시골 마을에는 심술궂고 나쁜 짓만 골라가면서 사람을 해치는 두통거리 어른도 있고 말썽을 부리는 아이도 있는가 하면 너무 착해서 동네일을 제 일처럼 하면서 살아가는 희생정신을 가진 착한 사람도 꼭 있기 마련이다.

누구의 소설인지 생각이 나지 않는데 문호(가명)라는 아이는 나쁜 짓만을 골라가며 행동하는 아버지의 모습을 지켜보면서 하루하루를 살아가는 게 지겹고 힘들어 매일 마을에서 말썽만 부리고 살아간다. 어느 날 서울에서 어머니와 단 둘이 살던 준상(가명)이가 그 마을로 이사를 왔는데 준상이와 문호는 친구가 되어 매일 어울려 다녔다. 문호는 준상이를 유일한 벗으로 알고 둘은 비밀이 없이 다정한 친구가 되었다.

문호의 아버지가 혼자 사는 준상이 어머니를 음침한 곳으로 데려가 나쁜 짓을 하려고 늘 꽁무니를 따라다니며 애를 먹이는 현장을 문호가 봐 왔다. 아버지의 나쁜 행동을 보고도 친한 준상이에게 말을 하지 못해 아버지가 더욱 미웠고 늘 가슴앓이를 한다. 준상이를 볼 적마다 자기가 죄를 짓는 것 같은 생각에 너무도 괴로워서 어느 날 준상이를 찾아가 너의 어머니를 데리고 서울로 다시 떠나라고 말을 한다. 준상이는 이유를 명확히 말하지 않는 문호의 말을 거절을 한다.

그런데 준상이에게 말 못 할 불행이 시작되었다. 인민군이 준상이를 잡아가려는 것을 목격한 엄마가, 병사에게 매달려 무슨 일이든 다 들어 줄 테니 우리 아이만은 살려달라고 애걸복걸했고 결국 인민군에게 끌려가 여자로서 끝까지 지켜야 될 몸을 준상이가 보는 앞에서 빼앗기고 말았다.

준상이는 죽을 만큼 치욕을 느끼며 자신의 온몸이 더러워진 것 같은 느낌에 참을 수가 없어 어느 날 어머니에게 죽으라고 반항을 하면서 고함을 지른다. 자식 앞에 묵비권을 하고 있는 어머니 속마음을 자식에게 어떻게 설명할까! 너를 위해 내 모든 것을 아낌없이 다 바쳤노라, 늑대에게 여자로서 지켜야 될 것을 빼앗긴 어미의 마음을 네가 어떻게 아느냐는 듯 눈빛으로 자식에게 말을 하고 있다.

어미의 마음을 아프게 한 자식의 마음도 실은 찢어지게 아플 것이다. 준상이가 서낭당 당상나무를 끌어 안고 죽을 만큼 몸부림을 치며 울다 옆을 보니 친구 문호도 역시 아버지의 분노를 참고 견디기 힘들어 이곳에 와 울고 있었다. 둘이서 얼마를 울다 준상이가 문호에게 말을 꺼낸다. "너 서울 가고 싶다고 했지? 우리 서울로 도망을 가자." 문호는 도망을 가고는 싶지만 나는 이곳을 떠나기도 전에 아버지 손에 잡혀 작두에 손을 잘리고 말 것이라며 너나 어머니를 데리고 빨리 이곳을 떠나라고 소리를 지른다.

그때 동네 부잣집 마님이 세상을 뜨셨다. 그 마님이 손에 쌍반지를 끼고 있다는 소리를 듣고 문호는 준상이를 불러 상주들이 잠든 틈을 타서 시신이 누워 있는 방으로 몰래 기어들어갔다. 문호는 준상이에게 반지를 빼라고 명을 한다. 준상이는 죽어도 못 하겠다며 "너 미쳤니?" 하며 구역질을 하고 오만상을 다 찌푸린다.

준상이는 밖으로 뛰쳐나가고 싶지만 상황이 그렇지 못해 죽기 아니면 살기로 이를 악물고 쌍반지를 빼고 말았다. 초상집에선 반지가 없어졌다며 반지를 찾기 전에는 초상을 치르지 않겠다고 난리이다.

준상이 엄마를 못 잡아먹어 안달을 하는 문호 아버지가 '이게 다 서울서 내려온 과부의 짓' 이라며 다그치니 상가에 모여 있던 여인들이 준상이 집으로 우르르 몰려와 집안을 쑥대밭으로 만들어 놓고 간 뒤 준상이 엄마는 잠든 척 하고 있는 아들을 흔들며 "너 서울로 가자고 했지?" "우리 서울로 가자." 한다. 그 순간 준상이 주머니에서 쌍반지가 흘러내렸다.

그것을 본 엄마는 준상이에게 같이 죽자고 하며 앞에 약을 가져다 놓았다. 준상이는 약을 흩어 버리고 반지를 쥐어 들고 밖으로 뛰쳐나간다. 잡으려고 뒤따르는 어머니 때문에 반지는 마당에 떨어지고 말았다.

상가에 있던 여인이 반지를 주워들고 반지 찾았다며 소리를 지른다. 준상이 엄마는 자식의 잘못을 대신해서 석고대죄를 하고 "백번 죽어 마땅하니 죽여주시오. 제가 자식하고 살려고 한 짓입니다." 용서를 빌고 있는데 준상이는 집을 도망쳐 나가고 어미는 작두에다 자식 대신 자기의 손을 스스로 잘라버린다. 모두들 놀란 표정이다. 아이들은 어른들보다 솔직하고 양심적이다. 반지를 빼라고 시킨 문호가 보다 못해 자기 짓이었다며 상여 앞을 막아서서 말을 한다. 선비님의 장남을 밀고해서 죽게 한 것도 우리 아버지의 짓이었고 반지를 뺀 것도 나였다고. 이 말을 들은 문호 아버지는 행어 앞에서 요란을 흔들다 그 말을 믿을 수 없다는 듯 비웃고 행어를 인도한다.

그 후 마을은 조용하고 준상이가 서울로 간 지도 20년이 흘렀다. 준상이 어머니는 준상이의 잘못을 다 용서하고 그가 잘되기만을 서낭당에다 빌었다. 준상이는 서울서 출세를 하고 어머니를 찾아와 마당에 무릎을 꿇고 엎드려 저 때문에 모든 것을 잃어버린 어머니께 "어머니, 저를 용서해 주십시오."하며 용서를 빈다. 20년이 되어서야 부모에게 잘못을 비는 아들을 보고 “나는 날마다 너의 잘못을 용서 했단다.” 하신다. 이것이 끊을 수 없는 모성애고 자식은 부모 마음을 따를 수 없다.

생명의 땅 은인의 땅

우리 생활 모든 기본은 땅에서 이루어진다. 땅이 인간을 받아들이고 알게 모르게 도와주고 있지만 인간은 땅을 가볍게 여기고 고마움을 알기는커녕 알려고도 하지 않고 땅이 못 견디겠다고 지구가 흔들리도록 소리를 쳐도 지구야 멸망을 하든 말든 우선 눈에 보이는 이익에만 눈이 어두워 오염시키고 파괴하고 열대화 시키며 지구를 괴롭히고 있으면서도 내 탓이라고는 전혀 생각지 않는다.

땅은 겸손하고 정직하며 반항할 줄 모른다. 죽어도 사람이 시키는 대로 보여주고 있을 뿐이다. 양처럼 순하다. 먹을 것을 주지 않아도 계절 따라 먹을거리를 키우고 저장하고 그러다가 필요한 사람에게 모두를 내어준다. 땅을 뒤엎어버리는 소낙비에도 죽이려고 작정하고 달려드는 가뭄에도 태양에게 저항하지 않고 말없이 받아들이고 이겨낸다. 우리는 어렵고 힘들어도 남과 이웃에 피해를 주는 사람이 되지 않도록 스스로 노력해야 하는 것을 땅을 통해 배워야 한다.

이 세상 모든 것의 가장 아래에 있으면서 더럽고 보기 싫고 썩는 쓰레기까지도 인간이 버리면 땅은 자신을 열고 다 받아들인다. 우리는 어려움이 닥치고 질병이 찾아오면 전혀 받아들이려고 하지 않고 세상을 원망하고 가족을 원망하고 저항하려든다. 땅은 사람의 영역과, 물고기의 영역, 짐승들의 영역과, 식물의 영역으로 조물주가 갈라놓았다.

그런데 인간은 만물을 지배하고 다스린다는 명목하에 물고기의 영역도 짐승들의 영역도 식물들의 영역도 모두 지배하려든다. 우리는 산에 오르면 이 지역의 권리가 짐승들과 식물에게 있다는 것을 까마득하게 잊고 마치 자기의 영역인 듯 마구 행동하며 고함을 질러 동물들에게 위협적이 되는데 사람의 입장에서 봐서는 안 될 일이다. 식물과 산짐승들이 우선되어야 한다.

그들에게 피해가 가는 일을 해서는 안 된다. 짐승도 식물도 말은 안 통해도 사람을 두려워한다. 산에 갈 땐 그들이 편안하도록 그들이 싫어하는 행동, 그들이 싫어하는 색깔의 의상은 피하는 것이 산에 가는 사람들이 지켜야 할 예의다.

내 기분을 살리려고 '야호' 하고 고함을 지르면 분명히 짐승들은 놀라 자기 둥지를 떠나거나 숨게 된다. 바다에서도 우리는 내가 살기 위해 고기를 잡는다. 살기 위한 수단은 어쩔 수 없다 치더라도 생산도 해가면서 잡아야지, 우리의 후손이 있으니까! 미래를 생각하고 바다를 살리는 정성은 잊지 말아야 될 것 같다. 지각없는 사람들이 쓰레기를 바다에다 하천에다 갖다버리는 얌체 같은 행동 때문에 바다의 생태는 무너지고 생태를 연구하는 학자와 지구를 살리려는 시민들은 많은 시간과 구슬땀을 오늘도 쏟고 있다.

어떤 것이나 수명은 있다. 지구의 수명도 우리가 얼마만큼 아끼고 살리기 위한 노력을 하냐에 따라서 당길 수도 있고 늘릴 수도 있다. 요즘 지구상에 생각지도 않는 이변이 일어나 여러 나라에서 많은 희생자가 생기고 질병이 생기는 것을 눈앞에서 보면서 나와는 무관한 일이라고 생각하면 곤란한 일이다.

내가 가지고 나간 음식물의 포장지며 쓰레기는 누가 보든 안 보든 틀림없이 집으로 가져와서 분리수거만 제대로 해주어도 우리는 지구 살리는 운동에 동참하는 국민이 될 것이고 같이 간 자녀들에게도 좋은 교육이 되지 않겠는가?

개가 가장 싫어하는 칠팔월

여름이면 일 년 중 가장 덥다는 복이 7월부터 8월 사이에 열흘 간격으로 세 번 끼어있다. 오늘이 일 년 중 가장 덥다는 중복 날이다. 삼복더위에는 입술에 묻은 밥풀도 무겁다는 말이 있다. TV에서 폭염에 주의하고 무리하지 말라는 말이 연일 쏟아져 나오고 만나는 사람마다 더워서 죽겠다는 말을 한다. 우리나라는 삼복더위가 되면 복떨이라고 개를 잡아먹거나 닭을 잡아 인삼을 넣고 약재를 넣어 찹쌀과 함께 푹 고아 식구들이 둘러 앉아서 먹으며 더위를 물리치는 유래가 있다.

해마다 겪는 일이지만 올해는 땀띠가 날 정도로 한낮이면 유별나게 더운 것 같아 숨을 탁탁 막아버린다. 한낮이면 아스팔트 길이 달아올라 살이 익을 것만 같다.

더위가 꼭 나쁜 것만도 아닌 것 같다. 여름이면 해마다 기승을 부리던 파리, 모기, 개미, 거미들이 높은 온도 때문에 알이 부화되지 못했는지 다른 해 같으면 밤으로 불을 밝혀 놓으면 극성을 부리는데 올해는 눈에 띄게 줄어들어 시달림을 덜 받아 편안한 면도 있다.

사람들은 베트남 사람들이 게으르다는 말을 자주 하는데 우리가 더위를 겪고 보니 이해가 간다. 너무 더우니 일을 할 수가 없다. 우리 집은 다행히도 마당에 야생화 나무를 가득 심어놓은 덕분에 다른 집보다 시각적으로나마 더위를 덜 타게 된다.

아침저녁으로 물을 주어야 하는 번거로움이 있기는 하지만 식물이라고 더위를 피해 갈 수는 없다. 내가 더위를 잊기 위해 아침 일찍 식사를 하고 복지관에 나가 탁구 치고 컴퓨터와 놀다가 무릎이 안 좋아 물리치료까지 받고 해 질 무렵 돌아오면 아침에 집 나갈 때 싱싱한 모습으로 도란도란 속삭이던 식물들이 허리를 굽히고 몸을 움츠리며 온몸에 힘이 빠져 헐떡거리고 목이 말라 죽겠다는 표정이다.

순간 내 몸이 더위에 지치고 힘없는 것은 뒷전이고 미안한 생각이 들어 외출복 차림으로 가방을 뜰에 놓고 수돗물을 실컷 먹여 주면 몇 시간 후면 굽힌 허리를 치켜세우고 웃는 모습을 하게 된다. 사람이 아플 때 약을 먹으면 이렇게 바로 회복된다면 얼마나 좋을까 하는 생각도 해본다.

이럴 때마다 생각나는 게 있다. 남편의 묘가 겨울엔 한없이 따뜻하지만 여름이면 두 번 다시 가고 싶지 않을 정도로 햇빛이 강해 해마다 잔디가 햇빛에 타죽는다. 그때마다 죽은 사람이지만 더워서 얼마나 힘들까! 하는 생각에 마음이 좋지 않다. 병실에 힘없이 누워있는 환자들도 이 더위에 얼마나 어려울까! 약을 먹고 치료를 하면 저 식물처럼 다시 활기차게 일어나 건강했던 시절로 돌아갈 수 있다면 얼마나 좋을까 하는 생각이 든다.

대지가 100평이 되는 마당에 심어진 식물들에게 생기를 넣어주고 나면 온몸이 땀에 젖어 만신창이가 된다. 아직 동산에 있는 식물은 물을 주지 않아 목말라하고 있을 텐데 핸드폰 음이 울린다. 자주 듣던 음성이다. "장림씨, 오늘 중복인데 개고기 먹으러 가지 않겠어요?" 개고기를 먹긴 먹어도 그렇게 즐기는 편이 아니어서 쉽게 대답이 나오지 않아 머뭇대고 있는데 "개고기 먹는다고 하지 않았어요?" 혼자 살다보니 개고기를 사먹는 일이 거의 없다.

개고기를 먹게 된 이유는 남편이 간암으로 약해져 있을 때 기운을 돋아 주는 데는 개고기만 한 게 없다는 말을 듣고 큰맘 먹고 개고기를 사다 집에서 고아 줬는데 먹지 않던 음식이라 혼자 먹지 않으려고 짜증을 부려서 옆에서 거들었기 때문이다.

친구와 같이 식당으로 들어가니 발 디딜 틈이 없다. 우리는 그 집을 나와 삼계탕 집으로 갔다. 그곳 역시 식당이 비좁다. 오늘은 어디를 가나 마찬가지다. “여기 비집고 앉아 봐요.” 우리는 한쪽에 자리를 잡고 앉아 기다린다. 주인은 이리 뛰고 저리 뛰고 손님 뒷바라지 하느라 더위를 모르는 것 같다. 요즘 에어컨 틀어 놓으면 밖에서 더위에 개가 죽는지 닭이 죽는지 알 턱이 없다.

삼계탕 한 그릇을 맛있게 먹어치우고 나니 개고기에 대한 미련은 떨쳐버렸다. 불교를 믿는 친구들은 개고기를 먹지 않는다. 불교를 믿으니 개고기를 금하는 것으로 알고 살아가는 불교신자들이 많은데 이유는 옛날 절은 첩첩산중에 있어 지금처럼 차로 가는 길이 있는 것도 아니고 가도 가도 오솔길인데 개고기를 먹고 깊은 산길을 가다보면 도중에 호랑이가 개 냄새를 맡고 산에서 내려와 사람을 개로 착각을 하고 잡아먹었다는 이야기가 있어, 그런 사고를 미연에 방지하기 위해 절에 갈 땐 개고기를 먹지 않았다고 하는 말이 전해져 내려왔기 때문이다.

우리 어머니 시절에는 복날 개고기, 닭고기를 먹을 수 없어 수박을 끈으로 묶어 샘물에 넣어두었다 보리타작을 하다 말고 꺼내 여러 식구들이 둘러앉아 시원하게 먹고는 삼복더위를 물리치곤 했다. 수박 한 덩이 썰어봐야 지금처럼 수박이 큰 것도 아니고 식구는 십여 명 되니 겨우 한 조각 아니면 두 조각을 먹고 적어서 수박 흰 부분까지 모두 먹었던 기억이 살아난다.

우리 어머니는 삼복 더위에 무명치마를 입고 긴 속옷까지 입고 한낮에도 보리짚을 태워서 점심밥을 지어내고 하셨다. 여름이면 그런 어머니 모습이 떠올라 가슴을 아프게 한다. 그때는 전기 제품 하나 없이 겨우 부채 하나로 어떻게 그 심한 더위를 이겨내고 사셨는지! 존경스럽기만 하다. 그런 더위 속에서도 나처럼 힘들어하지도 않았고 일을 게을리 하지도 않으셨다. 그런 어머니를 떠올리면 요즘처럼 좋은 환경에서 짜증내고 힘들어 해서는 안 될 것 같아 덥다고 게으름 피우지 말자고 다짐을 한다.

무녀는 어떤 사람인가

문명이 발달할수록 미신을 믿는 사람은 줄어가는 추세고 이제 푸닥거리하는 일은 드물다. 병원에 다녀도 낫지 않고 이유를 모를 때 사람들이 답답한 마음에 지푸라기라도 잡는 심정으로 무녀를 찾아가는 것을 간혹 볼 수 있지만 거의 믿지 않고 있다.

사람이 허하고 기가 약하고 힘들어지면 그런 생각을 하고 살아가는 것이 아닌가 싶은 생각이 든다. 미신은 선진국보다는 후진국에서 더 많은 사람들이 믿게 되는데 이는 의학이 발달하지 못한 탓도 있다. 미신을 믿는 사람들의 마음은 모두가 한마음이다. 잘되기를 바라는 마음이다. 무녀는 마귀가 사람의 정신 상태를 지배하고 있는 것으로 착각을 한다.

한 무녀의 말에 의하면 집에 손님이 찾아왔었는데 부처 밑에 감춰둔 돈을 모두 가지고 달아났다고 했다. 남의 일을 보지 않고 맞춘다는 부처가 왜 깔고 앉아있는 돈을 누가 가져가도 모를까? 남의 집 모든 일을 다 알고 있고 병도 낫게 해준다고 장담을 하는 부처가 자기가 깔고 앉아 있는 돈을 누가 가져갔는데 모른다면 말이 안 되지! 이는 엉터리 신이 아닌가! 정신적 고통을 혼자 이겨 내지 못하고 누구와 상의할 수도 없을 때 혹시나 싶어 신은 알고 있으려나? 하는 심정으로 무녀를 찾아가게 되는 것 아닐까?

무녀는 찾아온 손님에게 그 부처상 앞에다 돈을 놓으라고 권하고 아는 소리와 함께 앞으로 어떤 고통이 찾아올 것이라며 겁을 주고 많은 돈을 요구하고 잘 풀리지 않는 집안일을 이 부처가 다 알고 해결해 줄 것 같이 부처에 대고 빌어 댄다. 그런 부처가 깔고 앉아 있는 돈을 다 가져가도 그 사람이 누구인지 지금 어디에 있는지도 모르면서 남의 일을 보지도 않고 이렇고 저렇고 이야기 하는 것은 앞도 뒤도 맞지 않는 일 같아 무녀의 이야기를 듣고 혼자 웃고 말았다.

다른 무녀는 굿을 부탁하면 재물을 놀랠 정도로 많이 차려놓고 굿을 한다. 아무리 사람과는 다른 귀신이라도 저 많은 재물과

과일들을 다 먹을 수가 있을까! 한번 굿을 부탁하면 몇 백만 원, 심하면 천만 원 단위도 요구하는 일이 있다고 하는데 재물을 줄이고 비용을 줄여도 귀신의 마음을 무녀가 잡아야 되는 게 아닐까 싶다.

어느 신부님 말에 의하면 생전에 재물 욕심 없이 살다가 죽음을 맞을 때 천당으로 갈 수 있다고 한다. 자기가 가졌던 것에 미련을 버리고 떠나야 하늘나라로 갈 수 있지 재물에 미련을 버리지 못하고 이승에서의 삶을 떨치지 못하고 애지중지 여기면 혼이 이승을 떠나지 못하고 마귀가 된다고 이야기 하신 적이 있다. 마귀는 사람을 유익하게 하기는커녕 정신을 홀리고 해를 주는 것으로 알고 있다.

아이들 대학 시험을 볼 무렵이었다. 그때는 입학 때 내신이 없었고 본고사 시험만이 있을 때였다. 무녀는 산신을 믿는다며 늘 산을 찾아가 굿을 하고 기도를 드렸다. 한 여인이 찾아와 아들이 연세대를 가려고 하는데 갈 수 있겠느냐며 꼭 붙을 수 있게 굿을 해달라고 부탁을 하고 많은 돈을 맡기고 부적 한 장을 받아들고 집을 나갔다. 부적은 아이가 모르게 속옷 안쪽 주머니에 넣어주라고 부탁을 하고 내일 새벽에 산에 가서 기도를 드리겠다고 약속을 했는데 밤에 눈이 너무 많이 쌓여 산엘 가지 않았다고 무녀가 친구에게 이야기 하는 소리를 들었다. 아이는 빌지 않아도 연세대를 붙었고 무녀는 많은 돈을 그냥 삼킨 셈이다.

어려서부터 무녀들의 행동이 이상하고 신기하다고 생각을 했었다. 지금은 무녀들의 하는 일이 이해가 간다. 알지 못하는 사람에게 잘해주면 그 사람을 따르듯 무녀는 분명히 귀신과 하나된 사람인데 그런 무녀를 자주 찾아가거나 귀신을 집안에 끌어들이고 귀신의 말을 들어주면 귀신이 따라 붙는다. 귀신도 저한테 잘 해주는 건 잘 알기 때문에 자기에게 잘 해주면 분명히 그 사람을 따를 것으로 생각이 든다.

박정희 대통령 기념관

김천에는 병원이 많은데도 불구하고 사람들로부터 불신을 받아 웬만한 환자는 대구나 구미로 가게 된다. 할아버지 한 분이 구미시 차병원에 대장암 진단을 받고 입원을 한 지가 보름이 지났는데 들여다보지 못해 미안한 감이 들어 오늘은 큰 마음 먹고 지인들과 병문안을 하고 오는 길에 박정희 대통령 기념관에 들렀다.

많은 대통령이 있었지만 독립 운동을 한 이승만 대통령과 박정희 대통령은 국민들 가슴속에서 잊을 수 없는 대통령이고 어려울 때 국민들과 함께한 대통령이라 애처롭기도 하다. 국민을 위해 자기 신변을 돌볼 여유도 없이 국민의 손에 서거한 그분의 눈빛은 아직도 내 가슴 속에 살아있다.

1917년 11월 14일 경상북도 선산군 구미면 상모리에서 아버지 박성빈과 어머니 백남의 씨의 5남 2녀 중 막내로 태어났다. 서울특별시 마포구 상암동에 2012년 2월 21일 기념관이 개장되었고 경상북도 구미시 상모동에 위치한 박정희 대통령 생가와 기념관이 그의 혼이 담긴 집이다.

1963년 육군대장으로 제5대 대통령으로 선임되어 1979년 제9대 대통령까지 조국 근대화의 기수로서 가난을 물리치고 자립경제와 새마을 운동을 통해 위대한 업적을 남겼으며 모든 사람들의 많은 반대에도 외국의 협조를 받아 어렵게 경부고속도로를 완공시켜 많은 시간적 이득과 경제적 이익을 가져왔다.

생산량이 부족해서 굶주리는 국민들에게 식량의 자급자족을 해결하고 독일에 간호사와 광부를 수출해서 나라 경제를 살리는 종잣돈을 벌어들여 삶의 터전을 닦기도 했다.

부인 육영수 여사는 1974년 8월 15일 행사장에서 문세광에 의해서 서거하였으며 박정희 대통령은 1979년 10월 26일, 61세로 전 중앙정보부장 김재규에 의해 서거하였다. 3,700만 국민의 애도 속에 11월 3일 국장으로 국립묘지에 안착되었다. 그의 일생은 이렇게 끝이 났지만 국민들은 전국을 울음바다로 만들었던 그날을 아직도 잊지 못한다.

박 대통령은 외국에서 통일벼 씨를 몰래 들여오기 위해 두꺼운 책을 가운데를 오려내고 볍씨로 채워 책인 양 위장을 해서 가져왔지만 기온과 토지가 달라 많은 시행착오 끝에 생산에 성공을 해서 해마다 보릿고개를 넘길 때면 굶어죽는 사람이 있었는데 보릿고개가 없어지고 국민들이 쌀밥을 배불리 먹게 되어 국민을 구제해준 영웅이 되었다. 서거 후 34년이 지나고 국회의원이던 박근혜가 많은 사람들의 지지를 받고 2013년 2월 25일, 18대 대통령에 취임을 했다.

박근혜 대통령이 자격이 있기는 하지만 국민들 가슴속에는 박정희 대통령이 비명에 가셨고 박근혜가 양 부모님을 비명에 보내고도 혼자서 동생들 데리고 꿋꿋이 살아온 것이 마음이 아파 동정표도 많았던 것으로 생각이 든다. 국민을 위해 잘 해보겠다는 박근혜 대통령의 의지와는 달리 취임 후 나라의 운이 안 좋은지 재난이 닥쳐 주위를 안타깝게 만들어 하늘이 야속하기도 하다. 박근혜는 이제 전쟁 없는 평화통일을 하기 위해 많은 대화를 북측에 건의를 해오는데 만만치가 않은 것이 현실이다. 국민들은 그냥 전쟁 없이 이대로 삶을 이어갈 수 있도록 평화의 길로 이끌어 가면 되는 것 아니냐고도 한다. 기념관은 그리 거창하지는 않아도 박정희 대통령의 노고를 다시 한번 생각하고 감사할 수 있기에는 충분했다.

약자는 강자의 먹이다

먹이도 부족한 넓은 열대우림 숲속에서 누 떼가 구름처럼 몰려다닌다. 가뭄이 계속되면 물과 먹이를 찾아 3,200km나 되는 장거리를 이동을 한다고 한다. 누는 물 없이는 단 2일도 살아남지 못한다고 한다. 누의 새끼를 노리고 사자의 무리가 도둑처럼 뒤를 슬슬 따르고 있다.

누의 무리 중 이동하다 말고 새끼를 낳는 어미가 진통을 겪고 있었다. 새끼를 낳기 위해 잠시 동안 무리에서 벗어나야만 한다. 지켜보는 무리도 없이 혼자 산고를 겪던 누는 새끼를 낳은 후 몇 시간 후에 새끼를 데리고 그곳을 떠나 무리를 찾아 가고 있었다.

새끼는 어미를 따라가는 발걸음이 무척 힘들어 보인다.

새끼는 무리들 가운데 끼어 가야만 완전히 생명을 지킬 수 있을 텐데 어미 뒤를 따르는 새끼는 언제 사자나 하이에나의 밥이 될지 모르고 위태롭기만 하다. 새끼는 어미의 보호를 받지 못하면 적의 먹이가 된다.

사자들이 새끼를 빼내기 위해 안간힘을 다하며 뒤를 따라 공격해오던 중 힘없이 새끼는 잡히고 말았다. 그런데 웬일인지 사자는 누 새끼를 잡아먹지 않고 마치 자기 새끼처럼 사랑을 주고 포옹을 하며 빨아주고 장난도 치고 열심히 보살피고 오히려 잡아먹으려고 달려드는 표범으로부터 지켜주고 있었다. 신기한 일이다.

하루를 무사히 넘기고 누 떼가 몰려오는데 사자는 귀를 쫑긋 세우더니 누 새끼를 내버려 둔 채 다른 누 새끼를 잡으려고 달려가는 게 아닌가. 보살핌을 받던 누 새끼는 기회는 이때다 싶어 어미를 찾아 무작정 이곳을 빠져나갔다. 그곳을 운 좋게 벗어난 새끼는 불행하게도 소낙비가 내려 굶주리고 추워서 생명을 잃을 것 같은 모습으로 모든 것을 운명에 맡길 수밖에 없었다.

실낱같은 생명을 유지하며 어미를 애타게 기다리지만 만나지 못하고 빗속에 갇혀 꼼짝할 수가 없을 때 다시금 하늘이 도왔는지 누 떼를 만나 그 속에서 어미를 찾으려 했지만 어미는 만나지 못하고 배가 너무 고파 다른 누 어미에게 달려들어 젖을 먹으려 했지만 달려들기만 하면 발길에 차이고 밀어내는 바람에 얻어먹을 수가 없었다.

누는 새끼를 한 마리 키울 수 있는 양의 젖 밖에 없다고 한다. 달려들다 실컷 얻어터진 새끼는 누 떼로부터 쫓겨나 홀로 외롭고 배고픈 시간을 3일째 보내고 있는데 이번에도 하늘이 도왔는지 애타게 새끼를 찾는 어미를 이곳에서 극적으로 만나게 된다. 둘은 너무 반가워 어쩔 줄 모르다 새끼는 젖을 마음껏 먹게 된다.

새끼의 강한 생존력은 어미에게서 받은 듯했다. 다시 이동이 시작되었고 이번엔 하이에나 무리의 공격을 받게 된다. 가는 곳마다 위험이 도사리는 누 떼들이 그 속에서도 셀 수 없는 무리를 이루는 것을 보면 얼마나 번식력이 강한지를 짐작할 수가 있다. 하이에나가 많을 때는 90마리까지 협동을 이루어 사냥에 나선다고 한다. 숫자가 많으면 사냥에 성공할 수 있다는 것을 하이에나도 잘 알기 때문이다.

하이에나는 썩은 고기도 잘 먹는다. 먹고 남은 고기는 저장을 해 둔다. 7월에 가뭄이 계속되면 누 떼는 먹이가 부족한 상태라 다른 곳으로 이동을 하게 되는데 포식자들은 누 떼가 지나가기만을 기다리고 있다. 이곳에서 운 좋게 생명을 유지해오던 누 새끼는 태어난 지 3일 만에 하이에나를 만나 잡히고 만다. 하이에나와 맞서 싸우던 어미는 새끼를 내어주고 홀로 누 떼를 찾아 떠나고 누 새끼는 세상에 나온 지 3일 만에 강자의 먹이가 되고 말았다.

6.25 전쟁 휴전 60주년

1950년 6월 25일 6.25 전쟁의 피해로 전쟁고아가 10만이 넘었고 전사자가 천만 이상이 생겨났다고 한다. 63개국에서 자유를 지키기 위해 194만 명의 용사가 대한민국에 와서 2년을 격전을 하다가 167만 명이 타국에서 고인이 되었다고 한다. 2010년 지금부터 60년 전 7월 통일을 눈앞에 두고 기회를 놓치고 수많은 인명피해와 고통뿐 성과 없이, 그리고 우리의 의사와는 전혀 상관없이 정전이 되었다.

수많은 서울 사람들이 피난민이 되어 서울을 떠돌다가 전쟁 중에 가족을 잃었고 백두산까지 쳐들어갔지만 전쟁은 끝을 내지 못하고 정전협정이 체결되었다. 정전의 날 아침 10시에 일단 전쟁을 끝내자는 합의서를 마치고 전투는 12시에 끝을 냈는데 군사무기 사용을 금지 시키고 여군을 시켜 전국에 전단지(삐라)를 뿌렸다. 정전 당일에도 알지 못하고 싸우다 죽은 사람도 있고 정전 밤 10시에 땅굴 속에서 중공군이 나오기도 했다. 우리군은 정전이 되었다고 중공군과 같이 금방 손을 잡고 악수를 하고 담배도 나누며 전쟁 중에 이야기를 나누었고 중공군은 고국으로 돌아갈 준비를 했다고 한다.

유엔 63개국이 83회 논의를 해서 미국이 1950년 6월 27일 우리나라 전쟁에 참여를 했다. 적군은 순식간에 낙동강까지 밀고 내려와 치열한 전투를 하고 9월 15일 인천으로 밀어붙였다. 유엔군이 5,700명 전사를 하고 6,000명이 참전에서 실종이 되었다. 그들의 숭고한 전우애에 우리는 힘을 얻고 계속 진격을 했다. 그때 직접 전쟁을 한 참전 용사들은 폭탄 터지는 소리에 귀가 먹었고 60년이 지난 오늘에도 그 상황이 꿈에 나타나 지금도 괴로워해서 자녀들은 6.25전쟁 이야기는 아버지에게 절대로 묻지 않는다고 한다.

지금 우리가 편히 살 수 있는 것도 그때 희생된 용사들과 학도병, 유엔군의 덕이라는 것을 젊은 사람들이 알고 국가의 소중함을 잊지 않았으면 한다.

12월 23일, 후퇴의 길을 따라 내려온 10만 명의 피난민들 중 어린아이를 배에 태워 보낸 부모도 있었다. 흥남부두에서 어린 애를 업고 타려다 바다에 떨어진 비참한 여인도 있었다. 눈보라가 휘날리는 흥남부두의 배 안에서 아이도 태어났다. 1950년 크리스마스 유엔연합군의 배였다. 이 배는 케니언이라는 배였다. 인천상륙작전일 4일 후에 후퇴를 하고 다시 51년 7월 1일부터 휴전협상을 2년까지 걸쳐서 해왔다.

우리 군은 한 치라도 더 차지하려고 백두산 고지까지 갔었다. 그 당시 여군은 200여 명으로 대구역에서 출발을 했는데 너무 추워서 견디기 힘들었고 학도병은 연소자가 16세로 중학생이었고 나이가 많으면 23세로 대학생이었다. 누군가는 전쟁 중에 수류탄이 날아와 파편이 11군데를 뚫고 들어가 흑인 병사에게 응급치료를 받았는데 아직도 3개의 파편이 남아 있다고 했다. 전쟁 중에도 터키군은 전쟁고아를 부대로 데리고 가서 막사에서 아이들을 먹이고 가르치고 당당한 아이들로 키웠다. 그 당시 유엔군 가운데는 한 형제인 조셉과 아치볼드도 있었다. 그들의 묘가 타국인 우리나라에 있다. 6.25는 제2차 세계대전 이후 가장 많은 희생자가 난 전쟁이다.

좋아하는 일이 직업이 되면 행복하다

누가 자기의 삶을 알 수 있으며 계획대로 잘 살았다고 자신 있게 말할 수 있을까? 이제 삶을 정리를 해야 될 나이가 가까워 오니 두서없이 살아온 삶을 책장을 넘기듯 넘겨보며 돌아다보니 아쉽기 그지없고 쓸데없는 욕심인 줄 알면서 지금 그 길을 다시 걷는다면 지금처럼 허탈하거나 후회스럽게 살지는 않을 것 같다.

인생은 어떻게 살아야 하는 것이라고 배운 적도 없고 겪었던 일도 아니라 실수 반, 어려움 반인 길을 어디로 가는 줄도 모르고 겁 없이 여기까지 오고 보니 사는 일이 쉽지 않구나 싶다.

남들이 살아가는 이야기를 들으면 나보다 더 힘들고 어렵게 살아온 사람도 많다. 어떤 때는 저런 사람은 정말 많은 복을 누리고 있구나, 부모를 잘 만났구나 싶어도 내색을 안 해서 모를 뿐이다.

이제 와서 다 부질 없는 짓이고 쓸데없는 생각이다. 살면서 내가 느끼는 것은 삶은 인간의 힘으로만 되는 게 아니라는 것과 잘못된 생각을 하면 잘못된 길로 들어갈 수밖에 없는 것이 삶의 원칙이라는 것이다. 더 중요한 것은 주위 환경이다. 자식들에게 올바로 살아야 올바로 풀린다고 누누이 일러줘도 자기들이 경험해 보지 못한 일이라 도무지 믿지를 않는다.

내가 이렇게 말하는 것은, 제대로 된 길을 가야 제대로 풀리는 것을 보아 왔기 때문이다. 식물이나 사람이 살아가는 데 환경이 중요하다는 것은 누구나 알고 있다. 주위가 따뜻해야 살아남을 수 있다는 것을 삶 속에서 배웠다. 따뜻한 마음을 가진 사람 곁에 있으면 마음이 편안해지고 푸근해지며 마음이 열리지만 반대로 마음이 차가운 사람 곁에 있으면 눈치를 보게 되고 마음을 열고 싶어도 자동으로 닫히는 것을 느낄 수가 있다.

우리 집 대문을 나가려면 마당을 거쳐 계단 다섯 칸을 내려가야 한다. 계단 양옆으로 아스파라거스를 심어 놓았는데 봄이 되면 고사리 같은 싹을 틔워 예쁘게 자라고 있다. 양쪽에 아스파라거스 사이는 불과 1.5m밖에 안 되는데 한쪽은 남쪽을 보고 한쪽은 북쪽을 향해 있다. 북쪽을 향한 아스파라거스는 해마다 남쪽을 향한 아스파라거스보다 일주일가량 늦게 싹을 틔우고 예쁘지가 않다.

따라서 같은 식물인데도 가을에 단풍이 드는 속도와 색깔이 다르다. 남쪽을 향한 아스파라거스는 연두색이고 가을이 오면 단풍도 노랗게 곱게 드는데 북쪽을 향한 아스파라거스는 색깔이 청색이며 가을에 단풍이 남쪽만큼 곱고 깔끔하게 들지가 않는다. 이것은 북쪽 바람이 남쪽보다 차갑기 때문이다.

내가 살아온 삶을 봐도 환경에 따라 인생살이가 이렇게 다르구나 하는 것을 알 수가 있다. 어려서부터 내가 잘하는 것은 공부였다. 몸을 쓰는 게 아니고 머리를 쓰는 쪽에 소질이 있다는 것을 알면서도 여자는 남편 잘 만나 살림이나 잘 사는 게 본분이라고 부모님은 말씀하셨다. 결혼 후 마음은 바르게 잘 살고 싶었지만 주위 환경이 따라주지 않았다. 그렇게 힘들게 40여 년 살다 보니 주위 사람들이 생을 달리하고 자녀들이 내 곁을 다 떠난 후 밖에 나가 배우는 일에 열중하다 보니 바로 이게 내가 갈 길이었구나 하고 깨닫게 되었다. 배우는 동안 정말 삶이 즐겁고 몸 자체가 기쁨을 느끼는 것을 알 수가 있었다. 지옥 같은 삶을 벗어나 7-8년을 나를 위해 갈고 닦으며 살다 보니 느낀 게 많고 인상부터 달라진다.

이 세상을 올 때 자기가 가장 잘하는 것이 자기의 길이라는 것을 알 수가 있었으며 그 길로 가지 못하면 고통스럽게 살아갈 수밖에 없고 행복하지 못하다는 것을 알 수 있었다. 이 글을 보게 되는 사람은 어떤 일이 있어도 자기가 잘하는 일을 하면서 살아 주었으면 하는 게 나의 바람이다. 그래야 행복한 삶을 살 수 있을 것이다.

힘들고 괴로울 땐 잠이 최고

이제 먼 길 떠날 날만을 기다리며 좋은 날 좋은 시를 받아들고 이 세상 하직하는 게 소원인 나에게 힘든 일이 생겨 하루하루가 지루하고 피가 얼굴로 모여 화로에 불을 담은 듯 온몸에 열기를 뿜어낸다. 이런 때 생각나는 것은 잠이다. 잠은 나를 진정시키고 아끼고 걱정하는 친구가 아닌가 싶다.

세상 걱정 혼자 짊어지고 괴로워할 때 잠시나마 잊게 해주고 경직된 마음 풀어주는 것도 잠이다. 슬프고 괴롭고 힘들 때 남편도 부모도 대신하지 못하는 것을 하는 가장 짧은 단어 한 자 '잠'. 그의 위력은 폭발적이다.

공기만큼이나 소중하고 나를 지켜주고 뉘어주고 사랑하는 그가 있기에 힘든 고비 무사히 넘어 여기까지 올 수 있었다. 지금의 이 어려운 난관도 무사히 넘겨주리라 믿는다. 그때가 언제가 될지 해와 달과 날과 시는 알 수 없지만 잠은 나를 만사를 잊고 살게 할 것이다.

남들은 잠 안 오는 것을 낙담을 하고 원망을 하다 약의 힘을 빌려 잠을 잔다고 한다. 요즘 잠 안 온다는 친구들이 생각보다 많아졌다. 물론 나이가 들면 잠은 저절로 줄어들지만 사는 일이 복잡하고 자식들 일로 남들에게 말 못하고 신경이 예민해져서 우울증까지 앓고 있는 친구도 꽤나 있다. 나는 잠이 안 온다고 힘들어 한 적도 고민을 해본 적도 없다. 누구보다 짧은 잠을 자며 살아온 나에게 이제 그 잠마저 자기가 어렵다. 하룻저녁 평균 3-4시간 잠을 자면서도 피로도 모르거니와 잠이 모자란다고 낮잠을 잔 적도 거의 없다. 지금까지 걱정하지 않고 살아왔다.

잠 안 오면 글을 읽고 컴퓨터에 앉아 세상 구경 시켜달라고 조르기도 하고 모르는 것 찾아보기도 하고 메일을 열어보기도 하고 카페에 들어가 좋은 글이 있으면 내 블로그로 끌어들이기도 하고 댓글도 달아주고 그림을 모아 동영상도 만들고 파워포인트 열어 재미있는 나만의 글도 만들어 보다 보면 어느덧 동이 트기도 한다. 그러다 보면 기상 시간인 6시가 된다. 밖에 나와

꽃에 물을 주고 대화도 하고 누가 없어도 이야기 대상은 얼마든지 있다.

오늘은 밭으로 나가 들깨를 베어 널고 앞에 벤 들깨를 털다 보니 점심시간을 훌쩍 넘어버린 2시가 되었다. 한 발짝도 움직일 힘이 없을 만큼 에너지는 떨어지고 밭에서 바라다 보이는 저 집이 멀기만 하다. 해마다 알게 모르게 줄어드는 힘. 기억력도 떨어지고 그러려니 하지만 당장 써야만 하는 것이 힘이다.

털린 들깨를 대충 챙겨들고 집에 오니 점심 먹을 힘도, 생각도 없어 감 홍시를 집어 들었다. 힘들여 씹지 않아도 되고 반찬 걱정 하지 않아도 잘 넘어가기 때문이다. 밥도 때 맞춰 먹어야지 시간이 지나면 먹고 싶지 않아진다. 너무 피곤해 점심은 이것으로 때워버리고 온돌 매트에 불을 넣고 몇 시간을 누워있으니 다시금 에너지가 충전이 된 듯 머리가 개운해진다. 잡다한 생각들이 복잡하고 에너지가 모자랄 땐 인간에겐 잠이 으뜸이다.

혼이 사람을 도울 수 있나

감기가 오늘로 15일이 지났는데도 송진처럼 달라붙어 떨어질 생각을 않는다. 꾸준히 약을 써 봤는데 별로다. 처음 들어올 때는 온몸이 부서질 것처럼 쑤시고 아프며 오싹오싹 한기가 드는 것으로 시작을 하더니 목이 아프고 깔깔하다.

기침이 나기 시작하면 숨이 막힐 것 같고 어쩌다 숨이 막히면 체면도 없이 아무 데서나 기침이 쏟아져 나와 남들 앞에 갈 용기가 없다. 처음엔 설마, 이러다 날짜가 지나면 떨어져 나가겠지 생각을 했는데 낮보다 밤이면 더욱 심해진다.

먹지 못하니 정신을 차려야 하는데 몸이 천근만근 늘어진다. 혼자 살다보니 아플 때 내 주위엔 돌봐 줄 사람이 없다. 평소에 남의 신세지는 게 싫어서 돌봐 줄 사람이 없어도 나 혼자서 헤쳐나가리라 생각을 하고 살아왔는데 막상 아프고 보니 잘못된 생각이구나 싶다.

방을 따뜻하게 덥혀 이부자리 펴고 누워있으니 꼼짝달싹하기가 싫어진다. 저녁 끼니를 챙겨 먹어야 힘이 생길 텐데 춥고 아프고 기침이 나서 끼니를 챙길 수가 없어 저녁때가 지났는데도 저녁은 먹기 싫고 물을 얹어놓고 그냥 누워있다.

잠이 들었다 돌아가신 엄마가 불이 났다고 빨리 나오라며 엉덩이를 툭툭 치더니 성급하게 혼자 밖으로 나가버리고 불길이 내 엉덩이에 붙으려고 한다. 일어나려고 아무리 용을 쓰고 몸부림치며 소리를 질러 봐도 소리도 나오지 않고 몸이 말을 듣지 않아 '이제 나는 할 수 없이 불에 타죽게 되는 구나!' 생각을 했는데 몸에 불이 붙고 보니 뜨거워 비명이 절로 나와 정신이 번쩍 들어 눈을 뜨고 보니 꿈이었다. 몸부림을 많이 쳐서 온몸은 땀에 젖어 있었고 목이 마르다. 가스에 물을 올려놓은 것은 까마득하게 잊어 먹고 있었다.

어머니가 세상을 떠나신 지가 올해로 5년이 되었는데 이게 무엇을 뜻하는 것일까! 내 몸이 허약해 진 것일까! 그렇지 않고서야 이런 꿈을 꿀 수가 있을까! 깊은 잠에 빠진 것도 아닌데 혼잣말로 중얼대다 목이 타서 물이라도 먹어야 살 수 있겠다는 생각에 죽을힘을 다해 주방으로 나가보니 가스 불에 생강과 대추를 얹어놓고 잠이 들었던 것이다.

불나기 직전이었다. 연기 때문에 앞을 분간할 수 없고 냄새 때문에 코를 수건으로 막고 가스 불을 끄려는데 도무지 눈을 뜰 수 없어 가스가 안 보인다. 불이 날 것 같아 어머니가 나를 깨우신 게 분명하다. "어머니, 감사합니다. 감사합니다." "죽어서도 저를 도와주시는가요?" 죽으면 아무것도 없다고 생각을 하고 살았는데 이런 때 보면 혼이 있는 게 아닌가 싶은 생각이 든다. 정말 아찔하다.

감기 하나 이기지 못하고 이 꼴이 된 초라한 내 모습에 눈물이 핑 돈다. 다급할 땐 다급한 대로 빠른 동작을 취해야 하는데 몸이 말을 듣지 않아 느린 걸음으로 걸어가 불을 끄고 놀란 가슴을 진정시키고 물을 찾아 마시고 이번엔 전기 포트에 물을 넣어 전기를 꼽아 놓고 들어와 다시 누웠다. 목이 아프고 기침이 심해 겨울밤이 더욱 길게 느껴진다. 약을 먹어도 효과가 없으니 날이 새면 병원에 다시 가야겠다 마음 먹고 날 새기만 기다렸다.

무엇이라도 먹어야 견딜 것 같아 밥을 한 숟갈 삶아서 평소에 끓이지 않던 된장국을 끓여 세월도 없이 밥을 퍼먹었는데 속이 받아주지 않는 것을 억지로 먹어서 그런지 수저를 놓자 5분도 안 되어 다 토해 버렸다.

정치는 욕심보다 덕으로

우리 국민 모두는 정치를 하는 사람들 때문에 짜증이 난다. 국민을 위한 정치가 아니고 당을 위한 패싸이다. 우리는 선거철이면 자기가 원하는 사람을 선택하게 되는데 사실은 내가 원하는 사람이 없어도 선거를 하라고 하니까 찍어주기 싫어도 누군가를 선택하게 된다.

선거철이면 무엇도 잘 하고 무엇도 잘 하겠다고 잠도 자지 않고 갈 곳 안 갈 곳 다니면서 굽실대며 악수를 손이 닳도록 하고 다니던 그 사람이 자기 뜻을 이루고 국회로 가면 "언제 내가 당신의 신세를 졌나요?" 이런 식이다. 그 다음부터는 보이지 않던 속내를 드러내 욕심을 부리고 올바른 정치가 어떤 것인 줄 잘 알면서도 얼굴에 철판 깔고 당만을 고집하며 무리지어 다니면서 툭하면 장외 투쟁이나 하고 민심을 흔들며 선량한 국민을 혼란에 빠트린다. 시민들이 바라는 정치가 어떤 것인지 속속들이 잘 알고 있으면서 국회의사당에서 무식한 사람처럼 힘으로 대결하고 국민들의 얼굴을 찌푸리게 한다.

예로부터 하느님의 마음을 갖고 덕이 있는 사람이 정치를 해야 올바른 정치를 할 수 있다고 했다. 덕은 올바른 마음이고 하느님의 마음이며 양심의 소리라고 했다. 누구나 두 가지의 마음을 갖고 살아간다. 하나는 하느님의 마음이고 하나는 본인의 마음으로, 욕심이다.

정치를 하는 사람이 자기의 마음을 앞세우면 시끄럽고 싸움을 한다. 반드시 국민을 생각하는 마음이여야 한다. 다 그런 건 아니지만 뇌물이나 받아 챙기고 그로 인해 국민을 외면한 채 부실공사로 이끌어 회사 간부도 자기도 영창 신세를 지는 일을 심심찮게 보여주는데 이런 국회의원이 우리나라 국회의원들이다. 이런 국회의원은 자기를 선택해 준 사람들에 대한 배신이다.

수천만 원의 세비를 받으면서 국민을 대표해서 일을 하겠다고 나선 사람들이 일 년에 해야 할 일들은 태산같이 쌓아두고 엉뚱한 일에 신경 쓰다 급하면 날치기로 처리를 하고 국민의 세금으로 여행을 다니면서도 조금도 양심에 거리낌이 없다.

정치는 부모가 자식을 생각하는 그런 마음으로 해야 한다. 부모가 자식을 생각하면 무조건 마음이 설레고 대신 아파하는 것처럼 정치인이 국민을 생각하면 무조건 돕고 싶고 설레어야 하는데 국민의 생각이나 뜻은 안중에도 없고 자기들 욕심만 채우려고 하는 정치인들. 언제나 그런 분위기를 벗어날 수 있을지.

내 나이 칠십인데 박정희 대통령 시절을 빼고는 거의 보기 흉한 꼴로 정치에 임하는 국회의원들, 툭하면 몸으로 정치하려는지 엉켜 싸우는 꼴을 보고 욕하지 않을 국민이 어디 있겠는가! 국제적 망신이다. 세계적으로 대통령이 줄줄이 영창을 가는 나라는 우리나라뿐일 것이다.

국민들은 힘이 없기에 그냥 지켜보며 욕만 하고 있을 따름이다. 다음 선거에는 그런 국회의원은 반드시 제거를 해야 한다. 하지만 하고 보면 또 그 꼴이다. 지연, 학연, 혈연을 생각지 말고 정말 국회에서 싸움하지 않고 당을 지지하지 않고 무엇이 옳은 생각이고 옳은 일인지를 알고 실천에 옮기는 사람을 선택해야 옳지 않겠는가 하는 마음이다.

4부

머리털은 왜 가지가 없을까!

인체를 의사들이 수술을 하다 보면 신기하고 오묘함에 저절로 감탄이 나올 때가 있다고 하는 말을 여러 의사들을 통해 들어온 것 같다. 나 역시 간혹 문득 스쳐가는 생각에 사람처럼 신기한 기계가 어디 있겠나 싶을 때가 있다.

어느 날 머리를 만져 보면서 살 한 점 없는 뼈와 가죽 사이에 머리털이 심어져 있는 것 같은데 머리털은 수분도 부족할 것 같고 영양도 부족할 것 같은데 수분이나 영양분을 보충시켜주지 않아도 잘도 자란다고 생각해 봤다.

우리가 관광을 하다보면 흙도 없는 바위 위에서 소나무나 풀이 놀랄 정도로 잘 자라고 있는 것을 보게 된다. 식물이나 모든 것들은 자라면서 몸집도 굵어지고 가지도 생기는데 머리털은 무엇을 먹고 자라는지 여러 해가 되어도 굵어지지도 않고 가지도 없이 꾸준히 자라는 것이 신기하기만 하다.

거울 앞에 앉아 머리를 쳐다볼 때마다 신기하다는 생각이 든다. 굵어지지도 않지만 가늘어지는 일도 별로 없고 당기면 끊어질 것도 같은데 뽑히면 뽑혔지 당긴다고 끊어지는 법도 없으며 뽑힌 머리털을 햇볕에 말려도 줄지도 않고 부패되지도 않는다. 수년이 지나도 뿌리가 깊이 파고들지도 않고 번지는 법도 없이 신기하다는 생각 외엔 달리 생각되지 않는다.

머리털도 인종에 따라 색깔이 다른 것은 분명 어떤 뜻이 있고 그렇게 만들어야 될 이유가 있을 것 같다. 백인이 우리나라에 와서 살아도 아프리카에 가서 살아도 얼굴색만 약간 변할 뿐 머리색은 그대로인 것을 알 수가 있다. 머리털은 나는 곳에만 나 있지 세월이 흐른다 해서 질서 없이 목으로 번지거나 이마로 내려오는 것을 못 봤다.

머리털 자체에 어떤 혼이 담겼다고 생각해 머리를 깎지 않고 물로 감지도 않은 사람이 있었는데 머리털이 자라는 것을 보면 살아있는 생명체임에는 틀림이 없을 것 같은 생각이 든다. 그런

데 이상한 것은 머리털에서 꽃이 피거나 열매 맺는 일은 더더욱 없다는 것이다.

나이 들면 검은 머리는 하얗게 변해 흰머리로 자라게 되는데 같은 자리에서 같은 영양소를 먹고 자라는데 왜 흰머리가 되었을까? 내 머리는 37살부터 흰머리로 변해갔다. 검은 머리로 살아온 세월보다 흰머리로 살아온 세월이 훨씬 길어 스트레스 받기도 하고 귀찮다는 생각을 한 적도 많았다.

염색 머리로 살아온 세월이 40년을 넘었으니 염색약 값만도 적잖은 돈으로 계산이 된다. 시어머님은 90이 다 되어도 흰머리보다 검은 머리가 더 많은 상태에서 돌아가셨다. 막내가 7살 때에 이런 말을 해서 가족들을 웃게 한 적이 있다. 엄마는 왜 이렇게 일찍 늙었냐며 안됐다는 표정으로 할머니보다 엄마가 더 늙었으니 일을 할머니가 하라며, 할머니는 왜 일을 안 하고 엄마만 일을 하냐고 했다.

그때 내 나이 40인데 어린 아이 눈엔 머리가 하얗게 되어버린 엄마가 더 늙은 것으로 생각이 되어 엄마에게 동정을 하고 있는 것 같았다. 머리가 희어지고 안 희어지고는 인간의 노력으로는 아직까지 과학도 어쩔 수 없는 일 같다.

다른 의술은 놀랄 만큼 발전을 해왔는데 흰머리가 나는 것을 검은 머리가 날 수 있도록 하는 의술은 개발할 수 없나 보다. 이 문제를 내가 죽기 전에 박사들이 연구를 해서 내가 편히 살 수만 있다면 살면서 평생 은인으로 생각하며 살게 될 것 같다.

놓일 곳에 놓여야 예쁘다

잠에서 깨어났지만 아직 창밖은 어둡다. 무리했던 탓인지 몸이 무겁게 짓누른다. 그래도 나는 일어나야 한다. 밖에는 어제 다 하지 못한 일들이 나를 기다리고 있다. 오늘은 요양원으로 봉사를 간다. 할 일을 두고 모른 척 집을 빠져나가 버리면 저들은 하루 종일 나를 기다리고 있을 것이다.

몸을 이리저리 굴리고 두어 바퀴 비틀어 몸풀기 동작을 하고 일어나 밖으로 나간다. 아직 어둠은 가시지 않았지만 구석구석 다가선 가로등 불빛이 옛날 호롱불에 비하면 몇 십 배 더 밝은 편이다. 불빛이 식물에겐 피곤한 존재지만 우리 집 어디를 가든 일을 할 만큼은 밝다.

내가 깨어나 함께하기를 기다리는 건 한두 가지가 아니다. 올 여름에 더위에 지쳐 일찍 낙엽 되어 떨어진 나뭇잎들도 쓸어야 하고 아들에게 부쳐줄 김치도 담가야하며 남들이 쓰다 버린 상처투성이인 단지도 씻어 제 자리를 잡아주어야 한다.

남들은 깨어져서 못 쓴다고 버렸지만 나에겐 유용한 선물이다. 어제 저녁 남자가 해야 할 일을 여자인 내가 하다 보니 남자라면 두 번만 가면 될 것을 나는 네 번이나 갔다. 버려진 단지 5점을 가져온 탓인지 몸이 몹시 피곤하다.

이들을 보면서 느끼는 것이 있다. 어느 여인이 이 단지를 살 때 얼마나 기뻤을까! 단지의 모습으로 봐서 그 시절 장도 장이지만 아버지가 즐겨 마시는 술도 만들고 곡물도 단지에 담아두었으며 어머니들은 돈도 단지 속에 숨겨두었던 것으로 알고 있다. 그 당시엔 돈이 귀한 시절이라 우리 어머니들은 곡물과 바꾸기도 하고 장에 내다 팔아서 단지를 산 것으로 알고 있다.

지금은 생명을 다해 쓸모없이 버려졌지만 수년간 오며 가며 어루만졌던 물건인데 버리기가 쉽지 않았을 것이다. 그 심정 이해가 간다. 지금의 내 마음 같았다면 버리지 않았을 것이다. 쓸모없는 저들에게 남다른 애정과 관심을 갖고 있어 나는 버려진 것을 주워다 잘 모셔놓았다.

'이제부터 너희들은 나에게 각별한 사랑을 받을 것이며 내가 떠날 때까지 이곳이 너희들 집이다. 우리 집 잘 지켜주고 오는 사람 가는 사람에게 복을 빌어주렴.' 마음으로 부탁을 하고 잘 씻고 닦아 예쁜 돌 위에 얹어 놓으니 모두가 예뻐만 보이고 새것으로 보인다. 작업을 마쳐야 할 시간이다. 아침 6시가 넘었다. 정리를 하고 지칠 때 마다 힘을 주는 거북 바위 위로 올라갔다. 이곳에서 내려다본 그들의 모습이 어제 저녁 옮겨올 때 모습과는 너무도 다른 모습으로 예뻐 도공의 손길도 생각난다. 이런 때 펜을 잡으면 수필이 살아나고 시가 떠오른다. 먹먹했던 가슴이 트인다.

남들은 정월대보름날이나 팔월 한가위가 오면 해맞이를 간다며 기쁜 마음으로 집을 나서지만 길이 막혀 곧 스트레스를 받아가며 몇 시간을 가다보면 화가 나서 가족끼리 싸우기도 하고 가는 사람 잡고 시비도 한다. 나는 그렇게 하지 않아도 된다. 우리 마당엔 언제나 대문을 지키며 집을 나설 때나 들어올 때도 조용히 나를 지켜보는 거북 바위가 있다.

매일은 아니어도 가끔씩 이 바위 위에 올라서면 먹먹하던 가슴이 트이고 작은 소망이라도 있을 때 여명이 가시기 전에 이곳에 앉아 조용히 묵상을 하기도 한다. 해를 보기 위해 동쪽을 향하면 수많은 사람들의 소망을 담고 있는 도서관이 묵묵히 햇살을 받아들이고 나도 떠오르는 해를 보기 위해 조용히 앉아있다. 해를 보고 소원을 빌기 위해 바다를 찾아간 사람들은 바다에서 해가 올라오는 것을 보겠지만 이곳에선 산 위로 떠오르는 아름다운 아침 해를 보게 된다.

그 순간 먼저 하느님께 감사하고 오늘 만나는 인연들이 좋은 사람들이었으면 좋겠다는 마음과 함께 자식들도 올바른 생각으로 어려운 세상 자신감을 가지고 건강한 몸으로 헤쳐 나가기를 바란다고 해를 향해 기도를 바친다. 기도가 끝나면 하늘 한 번 쳐다보는 버릇이 있다. 이곳에서 다시 내려다보는 정원은 모든 잡념을 털어버리고 행복하고 여유 있는 순간을 만든다.

아들들이 들으면 섭섭할지 모르지만 자연이 주는 기쁨이 자식들에게서 얻는 기쁨보다 훨씬 크다. 앞으로 후회 없는 삶을 살다 이곳을 떠날 땐 내가 가꾼 정원보다 더 아름다운 정원을 향해 내가 좋아하는 꽃씨 들고 봄날 꽃향기 가득 머금고 나비 되어 날아가는 것이 나의 소망이다.

외손자와 함께한 여름방학

여름방학이 시작되었다. 학생들에겐 자기만의 시간을 가질 수 있는 좋은 기회다. 딸은 아이들이 방학이 되면 학원이다 무어다 해서 바쁘고 명절이면 장남과 결혼을 해서 시집에 가느라 일 년 가야 2-3번 친정 오기가 힘이 든다. 내년에 아이가 중학교에 가면 오기가 더 힘든다며 한번 다녀간다고 하더니 서울서 덥기 전에 온다고 자는 아이를 깨워서 새벽에 집에서 나왔다고 한다.

해마다 칠월 팔월이 되면 덥다고들 하지만 올해처럼 더운 적은 없었던 것 같다. 요즈음 이 땅이 한국인가 싶을 정도로 날씨가 너무 덥다 보니 34도에서 35도가 일주일 내내 계속된다.

외손녀는 초등학교 6학년이고 외손자 놈은 아직 어린이집을 왔다 갔다 하며 말썽꾸러기로 우리말을 아직 다 익히지 못한 상태라 걸핏하면 앙앙대며 울면서 누나를 당하지도 못하면서 바락바락 달려들다가 어미에게 매를 청하곤 한다.

우리가 자랄 땐 외갓집에 가면 외삼촌, 외숙모, 언니, 오빠 모두 있어 만나는 기대도 있고 즐거운 시간이었다. 밤이면 풀을 베어다 마당에 모깃불을 지피고 멍석을 깔아놓고 일렬로 누워 하늘의 별을 쳐다보면 반딧불이 사람이 누워있는 위로 날아다니고 때로는 별똥별이 대각선으로 뚝 떨어지는 모습도 볼 수 있었다.

낮에는 소에게 풀을 뜯어 먹게 하려고 소를 몰고 들로 나가는 외갓집 오빠를 따라가면 소는 스스로 알아서 풀을 뜯어먹게 버려두고 오빠가 나를 꾀어 잔디밭에 누워서 잔디 씨앗을 입에 물고 있으면 별이 보인다고 속인다. 낮에도 하늘에 별이 보인다는 말에 속아 잔디 씨앗을 입에 물고 있으면 짓궂은 오빠가 줄기를 확 잡아당겨 잔디 씨앗이 입 가득 떨어져 목으로 넘어가 울던 기억도 지금은 추억으로 남아있다.

지금 아이들은 외갓집에 가도 많은 사람을 만날 수가 없다. 나 역시 홀로 살고 있는 독거노인이다.

며칠 전부터 딸이 온다는 연락을 받고 아이들이 오면 어떤 추억을 만들어 줄까, 무엇을 하고 시간을 보내야 재미있고 아이들이 자주 찾게 될까 많은 생각을 해 봤다. 우리들이 시골에서 자랄 때는 이때쯤이면 어른들은 도리깨로 땀을 비죽비죽 흘리며 보리타작, 밀 타작, 논매기도 하고 콩밭을 매느라 날씨는 덥고 지쳐있었다.

이때 아이들은 냇가에 가서 발가벗고 목욕을 하던지 모래 위에 자기 이름도 새겨놓고 젖은 옷을 벗어 돌 위에 널어놓고 모래땅에 연못을 파서 피라미도 잡아 가두어 두고 돌을 주워 모아서 공기 놀이도 하고 그릇 깨진 것을 주워다 놓고 어른들 살림 사는 흉내를 내며 놀기도 했다.

학교에서 곤충채집, 식물채집을 숙제로 내주면 숙제를 하려고 논두렁으로 산으로 다니며 매미도 잡고 잠자리도 잡아 알코올에 적셔 핀을 꽂아 말린다. 식물은 책갈피 속에다 넣어 말려서 공책에다 붙여 식물채집도 했다. 여치는 잡아다 보리짚, 밀짚으로 집을 만들어 넣어주면 찌르르 찌르르 울던 그 소리가 듣기 좋아 들여다보기도 했다.

풀잎을 뜯어 피리를 만들어 불기도 했는데 요즘 아이들은 방학이 되어도 움직이지 않고 부모들이 놀 틈을 주지 않고 학원에서 학원으로 공부만 하고 큰아이 작은아이 할 것 없이 마음속에 경쟁심만 가득 넣어준다. 어쩌다 틈이 생기면 친구들과 어울려 놀기보다는 제 방에서 혼자 앉아 컴퓨터 게임을 한다.

한참 친구 좋아해야 할 나이고 많은 것을 겪어야 될 나이인데 자기뿐이 모르니 답답하다. 아이들이 우리 집에 머무는 동안만이라도 컴퓨터 앞에 앉지 않게 하고 나와 시간을 갖도록 도서관에도 가고 동산에 올라가 식물들을 관찰하며 식물의 특성과 이름을 가르쳐 주기도하고 시장에 데리고 가서 가게에 무엇이 진열되어 있는지 어디에 쓰는 물건인지 가르쳐주고 승용차만 타고 다니는 아이들이라 역에 가서 어떤 손님들이 어떤 모습으로 다니는지를 보여주며 숨바꼭질 놀이도 해 봤다.

아이들이 무척 즐거워한다. 아이들로서는 이번 방학이 많은 추억을 쌓는 방학이 되었으면 좋겠고 색다른 경험을 통해 이다음 성장해서 할머니와의 추억을 떠올리며 즐거워하는 아이들이 되기를 바란다.

모든 일엔 용기가 반이다

노인 복지관에서 식사를 하고 탁구실로 가는데 게시판에 노인 복지관 기자를 뽑는다는 공고가 눈에 들어왔다.

한번 해 볼까! 호기심이 간다. 해 보겠다는 결심을 하고 사무실에 들어가기가 쑥스럽기도 했지만 용기를 내서 들어가 복지관 기자를 한번 해 보겠다고 신청을 했다. 신청이 30여 명 들어와 우리는 한 달간 기자를 초빙해서 기사 작성 교육을 받고 사진 찍는 교육도 받았다.

생소한 교육이고 사회 경험도 부족한데다 나이가 있어 내가 이 일을 잘 해낼 수 있으려나 생각하고 쉽게 터득할 수는 없었지만 기사 작성법이며 기사에는 어떤 종류가 있는지와 사진 찍는 법부터 교육을 받은 후 기사를 모아 여러 번의 토론을 거치고 초안도 잡아보고 형태를 갖추어 출판사로 보냈다. 서툴지만 할 수 있었던 것은 컴퓨터 반에서 사진 찍는 법을 조금이라도 배웠고 수필을 쓰고 시를 쓰다 보니 타자 치는 일이 익숙해 어렵지 않았기 때문이다.

2013년 8월 9일 금요일, 올 들어 유난히 극성스런 더위가 체온을 달구고 있다. 1년의 준비 끝에 오늘 신문을 손에 쥔 나는 가슴이 뭉클하도록 뿌듯했다. 10시 30분 복지관 기자들은 정재춘 관장님을 모시고 10여 명의 복지관 직원들과 함께 실버복지신문 1호 발간을 축하하기 위해 정겹게 한자리에 모여 다과도 나누고 사진도 찍었다.

관장님께서는 여러분이 젊은 사람도 하기 힘든 대단한 일을 해냈다며 칭찬을 하시고 앞으로 나가야 할 방향에 대해 이야기해 주셨고 이주식 회장님은 직원들의 관심과 노고에 감사한다는 인사를 했다.

누구보다 편집에 앞장서서 정성을 다 해준 담당 직원 도현주 선생님께 공을 돌리고 싶고 미흡하지만 2호 때는 더 좋은 신문이 나오도록 열심히 해야 되겠다고 속으로 다짐을 한다. 현대자동차의 지원이 없었다면 우리가 신문을 낸다는 것은 생각할 수도 없었을 것이다. 도움이 있었기에 김천신문 정효정 기자로부터 기자의 윤리와 언론의 역할, 기사작성법, 현장 취재를 익힐 수가 있었다. 김천신문 정효정 기자에게도 감사의 말을 전하고 싶다.

조금은 서툴지만 다양한 미담 사례와 열정을 가지고 배움의 길에 오른 어르신들의 장난기 어린 재미있는 이야기들과 44년간의 농정일기를 60권이나 기록을 해서 유명 인사가 된 권순덕 씨의 부부 이야기며 8시만 되면 복지관 문 열기 무섭게 복도를 매울 정도로 대기를 하고 연세도 잊은 채 더위와 싸우며 승부에 열중하는 탁구 동아리 어르신들의 하루와 소통하는 부부, 행복한 부부가 되기 위해 당당하고 신나게 서로를 배려하며 멋진 프로그램에 참여한 노부부의 생활도 실어놓았다.

노인 복지관의 예산과 결산 자원봉사자들의 후원자 소식 등등 정말 알차고 볼거리 넘쳐나는 김천실버복지신문이 복지관 기자단의 힘으로 만들어졌다는 게 8월의 더위도 잊게 하는 하루다.

좋은 인연이 좋은 결과를 낳는다

인연하면 누구나 생각나는 것이 있다. 바늘과 실이다. 바늘과 실은 많은 인연을 만들면서 우리 생활 곁을 떠나려야 떠날 수가 없다. 바늘과 실이 하는 일은 중매인처럼 무엇과 무엇을 인연으로 맺어주는 일이다. 인연은 찾아오는 인연도 있지만 찾아가는 인연도 있다.

아름다운 인연이 있는가 하면 생각하기조차 싫은 악몽 같은 인연도 살아가면서 만나게 된다. 초년엔 눈물을 담고 찾아오는 힘든 인연 때문에 감당하기 어려워 인연을 끊고 싶었는데 사람의 인연은 끊고 싶다고 끊을 수 있고, 맺고 싶다고 마음대로 맺을 수 있는 것이 아니다. 악의 인연의 고리를 끊지 못하고 오랜 세월 매듭으로 묶여, 졸린 매듭을 풀지 못하고 너무 아파 밤낮으로 남몰래 울어야만 했던 시절이 있다.

열심히 일하고 즐겨야 할 불혹의 나이에 돌돌거리는 개울물처럼 소리를 내며 돌에 걸리고 바위에 부딪치며 어디로 가는 줄도 모르고 여기까지 굴러왔다. 개울물이 연못까지 오기에는 사계절의 풍랑을 거쳐 자연의 도움이 없었다면 연못의 고요함을 만날 수 없었을 것이다.

이제 악의 인연의 고리는 끊기고 내 발로 찾아다니며 맺어진 인연들이 늘어날 적마다 즐겁고 행복하다.

바람은 매일 불지 않으며 비는 매일 내리지 않는다. 참고 기다리면 바라는 일은 언젠가는 이루어지는 것 같다. 어떤 분이 이렇게 말을 했다. 행복은 잘 노는 것이라고, 잘 놀다보면 행복은 쫓아가지 않아도 저절로 찾아온다고. 계절 따라 아름답고 탐스런 꽃을 만나고 기르고 하는 일은 정서에 좋은 인연이고 꽃을 기르다보면 여러 사람을 만나게 되는데 그들과 대화하며 웃고 즐기다 보면 마음이 편안하고 행복하다.

심심하면 잘 살아온 사람들의 서적을 들고 동산으로 올라가 그분들의 삶을 익히며 지혜도 넓히고 글이 쓰고 싶어지면 상이 잡히는 대로 글도 써본다. 감사한 마음이 들 때는 주님께 기도도 하면서 목이 당기고 머리가 무거워 지려고 하면 탁구 라켓 챙겨 들고 간단한 복장으로 챙겨 입고 친구들 불러 탁구 치러간다. 이 얼마나 좋은 인연들인가. 주일에 한 번씩이지만 물리치료실 가서 나에게 건강 주신 하느님을 생각하며 감사의 뜻으로 봉사도 한다.

봉사를 하다 보면 나와 다른 인연들을 많이 만나게 된다. 정신이 온전치 못한 사람, 다리가 불편한 사람, 허리가 불편한 사람. 그분들 증상에 따라 물리치료를 돌봐드리는 일도 나에겐 즐거운 인연들이다.

늘 그분들처럼 불편하지 않게 건강 주셔서 아주 적은 봉사지만 봉사할 수 있도록 해주셔서 고맙다고 기도를 드리고 불편한 그분들이 완치는 바랄 수 없어도 그것 때문에 마음 약해지지 않고 용기 내어 살아갈 수 있도록 해달라고 화살기도도 바친다.

이렇게 바쁘게 뛰어다니다 보면 소소한 근심거리, 쓸쓸함, 외로움, 욕심, 이런 인연들은 떨어져 나가고 오직 긍정적인 생각만 남는다. 조금이라도 허전하다든지 하는 것은 전혀 없고 시간적 여유가 있으면 즐기는 것이 또 하나 있다. 하루에 몇 시간씩 함께하는 컴퓨터는 나를 속이지도 슬프게도 하지 않는 오직 기쁨만 주는 가장 친절한 친구이자 보호자다.

6~7종류의 게임, 동영상, 포토샵, 포토스케이프, 매직 동영상,

파워포인트, 세계의 아름다운 경치, 늘 좋은 글 보내주는 수십 명의 메일 친구들이 있어 메일을 열어볼 때마다 고맙고 즐겁다. 보답으로 내가 동영상도 만들고 매직 동영상도 만들어 보내주면 보는 친구들도 고맙다고 한다. 여가를 함께 즐기는 인연들이다.

낮에는 활동을 하고 컴퓨터와 글을 쓰는 일은 주로 밤 시간을 이용한다. 낮에는 한 사람의 인연이라도 더 만나기 위해 동분서주 한다. 어떻게 만난 인연이든 나와 끝까지 같이 가주기를 바랄 뿐 다른 욕심은 없다.

가을이 주는 선물

가을을 재촉하는 쌀쌀한 날씨에 비까지 뿌려 도톰한 옷과 모락모락 김이 나는 따뜻한 국물을 생각나게 한다. 가을은 남자의 계절이라고 하지만 여자들도 가을이 오고 낙엽이 지면 가슴 깊은 곳에 허전함을 느낄 때가 있다. 마음을 달래려고 단풍 따라 탁구 동아리 친구들이 집을 나섰다.

몇 시간을 달려와 불연 계곡으로 접어드니 골짝마다 놀랄만한 아름다운 단풍을 보면서 허한 마음도 채워지고 복잡한 머리가 맑아진다. 길가에 피어난 작은 꽃 한 송이 발아래 밟히는 작은 돌 하나까지도 내게는 삶의 의미가 되어버린 지 오래다.

아름다운 산과 숲을 보면서 그것들의 도움이 없었다면 지금도 힘들어 하고 있을 것이라는 생각 떨칠 수가 없다. 인생의 행로를 사계절 변화 속에서 스스로 깨우치며 살아가는 삶은 결코 지치지 않는다.

사랑하고 괴로워하고 울고 웃던 날들. 불연 계곡 물길 따라 산천 따라 오묘한 바위틈을 뚫고 모진 생명 이어가는 찬란한 오색 단풍 변해버린 잎들 속에 속고 속이며 울고 웃는 인생사가 고스란히 숨어있다. 여름철 파랗던 잎들을 어디다 어떻게 숨겼는지 지금은 온통 햇살을 머금은 단풍이 눈이 부시다. 단풍이란 이름 말고 더 멋진 이름은 없을까! 좌우 어디를 봐도 아름다워 껴안고만 싶어진다. 얼마나 많은 사람들이 이 광경에 놀랐을까! 어느 누가 이런 감동을 선사할 수 있을까?

점심때가 되어 정자 위에 자리를 잡고 단풍을 보면서 고기를 구워 먹었다. 여기 있는 우리들도 단풍으로 물들어가고 있는 나이지만 정말 단풍처럼 아름답게 물들 수 있을까! 이렇게 아름다운 모습으로 세상을 하직할 수 있다면 얼마나 좋을까! 하고 당치 않은 꿈을 꾸어 본다. 불연 계곡의 아름다운 단풍을 보고 놀라는 모습들이 마치 어릴 적 아름다운 엄마의 모습을 보고 뛰어오르는 어린아이의 모습 같다.

오늘의 이 귀한 시간이 나에겐 너무나 짧고 소중한 순간이다.

일상으로 돌아가면 추억 속에 한순간으로 잠들어 버릴 환상의 시간이지만 가야 하기에 눈은 이곳에 두고 물고기 생태 학습장으로 갔다.

말 못하는 물고기도 사람의 말과 행동을 알아차리는 모양이다. '먹이를 주는가!' 해서 사람들 앞으로 모여든다. 사람들로부터 길들여졌나 보다. 빈손으로 온 내가 미안하다. 무엇을 먹였기에 저렇게 건강하게 클 수 있을까! 사람보다 대접 받는 물고기인 것 같다. 자식 하나 길들이지 못하는 엄마에게 이것이 우리의 삶이라고, 넌지시 말해주는 것 같다. 흐린 날씨라 사진이 잘 나오지 않겠지만 아름다운 단풍에 이어 물고기들의 활개 치는 모습을 디카에 몇 장 담아두었다.

생태장을 한 바퀴 돈 후 차는 울진 성류굴로 향했다. 굴 입구부터 옛날과는 많이도 달라졌다. 좁은 입구를 기어들어 가니 전에는 땅을 밟고 지나갔는데 지금은 스텐으로 발판을 놓아 자연미는 덜 하지만 다니기엔 한결 편안해졌다.

광장마다 아름다운 석회암 동굴로 총 길이가 870m이고 12광장이라고 하며 광장마다 신비스런 경관이 꿈속을 헤매고 있는 것 같았다. 20년 전 내가 찾아왔을 때는 고드름을 닮은 석회암이 오묘하고 신기하기만 했었는데 지금은 누구의 짓인지 많이 훼손된 상태였다.

울진 성류굴은 추억이 있는 곳이다. 30년 전 폼을 잡겠다고 여성 누구나 가장 아끼는 한복을 차려입고 고무신 신고 들어갔다가 밟히는 치맛자락 때문에 진땀을 쏟으며 다녔던 추억이 있는 곳이다. 한참을 고생을 하다 밖으로 나오니 온통 한복이 흙투성이로 되어 있어 부끄러웠던 기억이 살아난다.

그때 천장에 거꾸로 날개를 펴고 매달린 박쥐를 처음 봤었는데 '새 치고는 정말 이상하게도 생겼구나!' 하고 그 모습에 놀랐던 기억도 있다. 지금은 사람들 등쌀에 자취를 감춘 박쥐의 행방이 궁금하다. 아름다운 금강산을 방불케 한다고 하여 이곳을 사람들은 지하 금강이라고 부른다고 했다. 동굴 안은 사계절 변함없이 15~17℃이고 습도는 80~90% 정도를 유지하고 있다고 한다.

이제 후포에 가서 회를 먹으면 오늘 일정은 끝이 난다. 후포는 서너 번 들린 곳이기 때문에 낯익은 곳이다. 고깃배가 들어서면 어떻게 알고 갈매기 떼들이 어선을 둘러싸고 따라오는 광경도 바닷가에서만 볼 수 있는 진풍경이다.

우리는 횟집에서 회를 먹고 돌아오는 길에 기사가 틀어주는 트로트 음에 맞추어 제 모양대로 온몸을 흔들어 네 굿 내 굿 굿거리 판을 벌인다. 나이도 잊고 가정도 잊고 술에 취해 남자인지 여자인지도 모른다. 오직 즐거움만을 추구한다.

'아름다운 이 세상 한번 왔다 가는 인생 멋지게 살아보세.' 고막이 째져라 하고 테이프는 돌아가고 부어라 마셔라 먹어치운다. '나이트클럽에서 우연히 만난 사람 세월이 그리워 행복하냐고 물었지.' 눈물만 뚝뚝 흘리는 노래가 흥을 더욱 더 부추긴다.

셋방살이 누구나 힘든 일

정확한 통계는 알 수 없지만 셋방살이 하는 사람이 정말 많고 불만들도 많다.

나도 결혼 직후 7년간 셋방살이를 겪으면서 남들 못지않게 어린 자식들 데리고 주인집 눈치를 보면서 힘들게 살았다. 누가 셋방 문제를 이야기하면 요즘도 안 좋은 기억들이 떠오른다.

요즘은 포장 이사를 하기 때문에 어떤 살림을 싣고 가는지 알 수 없지만 몇 십 년 전엔 고속도로를 지나다 보면 가난한 집 이삿짐인지 부잣집 이삿짐인지를 알 수 있었다. 짐을 허술하게 묶어 고속도로에 이불 보따리가 떨어지고 의자가 떨어지는 위험한 일도 자주 볼 수 있고 짐을 내리다 보면 없어진 것을 알지만 찾을 길이 없어 동동 구르는 사람도 있었다.

심심찮게 셋방살이 하는 젊은이들에게서 불평불만의 이야기를 듣게 된다. 셋방살이 겪을 만치 겪고 주인 입장이 되어 보니 주인이라고 마냥 편안한 것만도 아니라는 것을 알았다. 이런저런 일 겪은 후 이제 세를 놓지 않으니 마음이 편안하다.

불만의 이유는 각기 다르지만 시집살이, 머슴살이 못지않게 서러운 것이 셋방살이가 아닐까 생각된다. 인간살이 탈도 많고 천차만별이지만 사람이 누구의 눈치를 보며 산다는 것은 인내하며 나를 속이는 일이다. 밤낮으로 눈치를 봐야 하고 셋방살이 하면서 참기 힘든 것은 아기가 밤중에 울면 주인집 눈치가 보여 아무리 추워도 밤중에 들쳐 업고 골목에 나가 아기가 깊은 잠에 빠질 때까지 밤거리를 서성거려야 했었다. 부부 간에 언성을 높일 일이 있어도 참아야 했고 주인집 아이에게 아이가 맞고 들어와도 참아야 했지만 반대로 우리 집 아이가 주인집 아이를 때리게 되는 날이면 그 집에서 쫓겨나야 하는 이유가 되기도 한다.

누가 무어라 하지 않아도 셋방살이는 주눅이 드는 서민들의 대표적인 고민거리이다. 방세를 제때 내지 못하거나 주인집을 불편하게 하는 날에는 고개를 숙인 채 서러움이 복받쳐온다. 남들 놀 때 한푼 두푼 모아 내 집을 마련했을 때의 희열이란 집이 좋고 나쁘고 크고 작고를 떠나서 실로 천하를 다 얻은 기쁨이다.

늘 자기 집에서 살아온 사람은 이해하기 힘든 일이다. 남이 보기에 기어 들고 기어 나는 보잘 것 없는 집일지라도 아이들이 마음 놓고 뛰어놀고 남의 눈치 안 보며 자신의 문패를 달 수만 있다면 세상을 다 얻은 것 같을 것이다.

세상살이 어렵지 않게 잘 풀리는 사람도 많지만 세속 생활이 너무 힘들어 셋방살이 면하려고 손마디 불거지도록 일해 봐도 잠자리 하나 편히 쉴 곳 없어 자포자기하다 끝내 자살로 일생을 마감하는 사람이 내 이웃에 있다는 것도 가진 사람들이 생각할 문제다. 가진 자가 너무 쌓으려 하지 않았으면 하는 것도 서민들의 바람이다.

하기야 없는 사람이 있게 되면 더 지독하다는 말도 있고 없는 사람이 잘 살면 가난했던 때를 생각해서 사람을 돕는다는 말도 있다. 사람 나름이다. 사람은 수시로 변하기 때문에 주인 입장이 되면 금방 그때의 서러움을 잊어버리고 가난한 이웃을 쉽게 외면하는 것이 요즘의 세태이다.

요즘은 인구가 대도시에 집중적으로 몰리기 때문에 도시 생활을 하는 서민들은 집값 변동에 목을 매는 시대이기도 하다. 집을 얻고 돈을 얻기 위해 이웃을 잃어버리며 평생 힘들여 벌어 봐도 자식 공부 시키고 집 사고 나면 자기에게 남는 것은 외로움과 병뿐이다.

어떻게 생각하면 집 없다고 거리에 나앉는 것도 아니고 아등바등하느니보다는 즐길 것 즐기며 취미생활해 가면서 셋방살이로 살아가는 것도 그리 나쁘지 않을 것 같은 생각도 든다. 집을 살 수 있다는 확신도 없는데 그렇게 바둥거리다 청춘 다 가고 자신만 잃어버리게 될지도 모른다는 생각이 든다.

80년대, 90년대는 날 새기 무섭게 집값이 껑충껑충 뛰어오르던 시대였다. 2010년 들어서는 집값이 조용해지는 것 같더니 전셋값이 장난이 아니다. 요즘 집값과 전셋값은 별 차이가 없다. 그렇다 해도 평민이 서울에 집을 산다는 것은 그림의 떡이다.

힘든 곳에 마음 가두지 말자

오늘이 대설이라고 한다. 일 년 중 가장 눈이 많이 온다고 하더니 아침부터 많은 눈이 쌓이기 시작한다. 금방 통행길을 막아 버리고 버스도 택시도 오도 가도 못해 출근길이 늦어지고 모두가 꼼짝 못하고 묶여있다. 쉽게 녹을 눈이 아니다. 자빠진 김에 쉬어간다고 이참에 방에 갇혀 푹 쉴 수밖에 없다.

녹아버린다면 좋으련만 그럴 리 없을 것 같다. 우리 집 주위에는 보기 드문 눈꽃이 나무가 허리 휘도록 피어 이쪽을 봐도 저쪽을 봐도 하나같이 아름답고 새로운 세상이다.

창밖을 보는 내 가슴은 아직도 소녀인 양 부풀어 오르고 눈 위에 누워 사진을 찍는다며 친구들과 나란히 누워 눈썹이 얼어붙어도 추운 줄 모르고 끼니도 잊은 채 뛰어다니던 어린 시절을 마음속으로 눈 위에 그려 보며 창밖을 보고 섰다.

눈은 온통 백설탕을 뿌린 듯 길을 지워버리고 땅 높이를 분간할 수 없고 약속 시간에 가야하는 차들은 어쩔 수 없어 느린 거북이처럼 서서히 더듬어 가고 있다. 올 겨울은 사흘이 멀다 하고 눈이 내려 매일 벌어먹고 살아가는 서민들은 짜증스러울 정도로 어려움을 겪는다.

어렸을 때는 어른들 걱정은 알 리가 없고 눈이 오면 그렇게도 좋았는데 지금은 눈이 오면 넘어져 상처를 입는 사람들도 많고 겁부터 난다. 눈이 내리는 날은 푹해서 다리 밑에 거지가 빨래를 한다더니 눈은 그칠 줄 모르고 계속 내리는데 날씨는 포근하다.

심장이 좋지 않아서인지 혈이 온몸에 고루 가지 않는 나는 손끝이 아픔을 느낄 정도로 시리다 못해 아파 온다. 나이가 들어가도 마음은 늙지가 않는데 몸은 하루하루가 힘들어 진다. 같은 나이에도 남들은 힘들지 않게 잘들 지내며 저절로 굴러가는 것 같은데 나에겐 요즘 들어 사는 일이 만만치가 않다.

하기야 내 나이 74세인데, 아버지께서는 내 나이에 세상을 하직하지 않으셨던가! 요즘은 나도 안심을 할 수가 없다. 세월의 변화에 변해 가는 몸도 몸이지만 재해나 인재가 날로 심해져 살기가 힘들어지니 양심 없고 부도덕한 사람들이 강도로 변해 극성을 부리고 강도 높은 지진이 이곳저곳에서 일어나 생명을 앗아가기도 하고 여름이면 몇 날 며칠 폭우가 쏟아져 재산을 마구 쓸어가고 겨울이면 폭설이 쏟아져 교통사고에 부실한 가옥들이 망가지기도 한다. 생활고를 견디다 못한 사람들은 가족 집단 자살까지 하기도 한다.

우리의 삶은 자동차에 비유할 수가 있다. 자동차를 타고 길을 가다보면 어떤 사람은 돈이 많아 성능 좋고 승차감 좋은 차를 사서 목적지를 고속도로를 가듯 시원스럽게 애먹지 않고 달려간다. 차가 성능이 좋으니 장애물이나 험한 자갈밭 길이 나타난다 해도 거뜬히 그 길을 통과해서 목적지를 가는 승승장구하는 팔자가 있다. 그러나 이런 팔자는 거의 드물다고 해도 과언이 아니다.

인생살이 남 보기 버젓한 삶을 살아가고 있는 것 같아도 속내를 들여다보면 힘들고 속상한 일 한두 가지는 안고 살아간다. 돈 없고 힘들어 성능이 부실한 중고차를 타고 험한 벌판 비포장도로를 거쳐 산길을 돌고 돌아 많은 시간을 묶어 두며 힘겹고 어렵게 그 길을 버리지 못하고 살아간다 해도 모두가 불행한 것은 아니다. 고장을 일으키고 스스로 비탈로 굴러 떨어지는 것과 같은 삶을 사는 사람도 어렵지 않게 만난다. 이처럼 타고난 팔자와 운명은 받아들이기 싫어도 받아들여야 하는데 어려움을 비켜가려면 강인한 마음으로 인내를 하고 기다리면서 아픔을 받아들여야 한다.

오늘의 고비만 넘기면 내일은 정상으로 돌아갈 것이라는 희망을 걸어본다. 인내와 의지를 가지고 긍정적으로만 생각한다면 못 넘길 고통도 없다. 이는 세월이 모든 것을 감싸고 지나가기 때문이다.

손도 대지 않고 문제 해결을 하려고 든다든지 노력 없이 남을 탓하며 원망만 한다면 스스로 무덤을 파는 격이 된다. 육체적, 정신적으로 힘이 들어도 꽃이 지고 나면 열매가 열린다는 자연의 이치를 명심하고 살아간다면 희망이 생긴다. 이는 자신만을 위하는 길이 아니고 내가 잘 살아가고 행복해지면 내 가족은 말할 것도 없고 나라가 편안해지리라 믿는 것이다. 지금은 힘들고 아프지만 내 능력보다는 자연의 힘을 믿고 열심히 살아갈 것이다.

예고 없는 불행

김천시 생활원에는 봄, 가을 매년 2회에 걸쳐 전시회를 한다. 올해는 경북체전에 맞추느라 날짜가 일주일쯤 늦어지고 3일간 전시회를 가지면 식물에게 무리가 가지 않는데 4일을 견디어 내야 한다. 야생화에게는 많은 무리가 온다. 하루에 삼사백여 명씩 찾아와 보고 즐기며 많은 칭찬을 해주셔서 회원들도 식물도 힘이 난다.

박보생 시장님이 오셔서 "야! 정말 아름답다." 하시며 회원들에게 많은 칭찬을 해주시고 작품명과 회원들의 이름을 보시고 확인도 하신다. 손님이 무리지어 전시장을 방문할 때마다 회원들은 즐겁고 행복했다.

그런데 많은 방문객 중 눈에 띄는 사람이 있었다. 두 다리가 보이지 않아 내 눈을 의심을 하고 크게 눈을 떠 봤는데 두 다리는 잘려나가고 휠체어에 몸만 앉아서 등나무 분재를 유심히 들여다보며 혼을 빼앗긴 해맑은 눈빛으로 걱정 근심 잊은 듯 웃고 앉아 있는 그를 보는 순간 가슴이 찡해 온다.

나도 모르게 그의 뒤에서 한참을 머물다 말을 건넸다. "등나무 꽃 좋아하셔요?" 뒤를 바라보며 "예, 참 예쁘네요. 정장림 씨가 누구십니까?" "저인데요." "정말 존경합니다. 어떻게 저런 작품을 만들 수가 있어요." 나는 고맙다는 인사와 함께 그에게 말을 건넸다. "그보다 더 아름답고 고운 꽃이 이곳에 있어요." "어디에 있어요?" "바로 당신이 더 아름다운 꽃입니다." 그 말을 들은 그는 어이가 없다는 표정을 하고 소리 없이 웃었다. 나는 한 발 더 가까이 가서 그의 손을 잡고 구면인 양 서로 마음을 열어 웃으며 이야기를 나누었다. 두 다리가 없어도 자신 있게 살아가는 모습이 아름답고 당당했으며 자신감이 넘쳐나 그에겐 다리 없는 것이 별로 문제가 되지 않는 것 같았다.

나는 짧은 순간의 만남이었지만 그의 눈빛에서 많은 느낌을 받았다. 두 다리가 없어도, 가난해도, 인생은 마음먹기에 따라 생각하기에 따라 즐겁게 살아갈 수도 행복하게 살아갈 수도 있구나! 늘 주눅 들어 자신 없는 모습으로 기죽어 살아가는 사람과는 대조적이다. 가난이나 한 다리가 없는 것쯤은 이분 앞에서는 다 문제될 것이 없다는 것을 알았다. 나는 이분을 통해 삶을 다시 배우게 된다. 만약 내가 두 다리가 없다면 휠체어를 타고 꽃을 보러 이곳까지 올 수 있었을까? 저분처럼 밝은 웃음을 웃을 수 있을까? 짧은 만남이지만 만감이 교차한다. 이분에게 존경과 연민을 갖게 된다.

그는 나를 믿는지 두 다리를 잃어버리게 된 동기와 지금의 자신이 살아야 하는 이유를 털어놓기 시작했다. 15년 전 7살 아들을 데리고 도로 공사 중인 담 밑을 무심코 지나가고 있을 때 옆에서 대문이 넘어져 현장에서 아들은 한 다리가 잘려 나갔고 자신은 두 다리를 잃었다고 했다.

하느님은 인간이 참을 수 있을 만큼 고통을 준다고 하던데 인간이 살면서 어떤 불행이 찾아올지는 아무도 모르지만 이분의 능력이 어디까지이기에 이렇게 많은 불행을 안겨 줬을까? 생각만 해도 숨이 막히고 견디기 힘든 고통을 어떻게 이겨내라고 이분에게 엄청난 시련을 주셨을까? 나는 이분이 지금보다 행복하기를 바라며 야생화보다 더 아름답고 끈질긴 생명력으로 고운마음씨를 가지고 더 이상의 아픔은 겪지 않고 살아가기를 마음속으로 빌었다.

행복은 거저 오지 않는다

사람들은 좋았던 기억보다 좋지 않았던 일들을 오래 간직하는 것 같다. 내 친구는 가진 것이 많은데도 늘 생활이 허무하고 지루하다며, 밥 먹고 같은 일을 반복하는 일상생활들이 지루하기만 한데 무슨 재미가 있느냐며 짜증스러워한다. 그에게 이런 말을 해주고 싶다. 생각을 바꾸라고. 눈을 가지고도 암흑 속에 사는 사람은 오직 세상을 한 번 바라볼 수만 있으면 행복할 것이라고 생각한다. 두 손을 가지고도 스스로 밥을 떠먹지 못하는 사람은 자기 스스로 밥을 먹을 수 있다면 행복할 것이라고 말을 한다.

그런 삶을 살아가는 사람에 비하면 친구는 자식들도 제자리 잡아 잘 살겠다, 인물 좋겠다, 여자답게 적당한 몸매에 적당한 키, 아름다운 목소리, 돈 걱정 없겠다, 남편과 같이 취미생활 남보다 잘하면서 행복을 느끼지 못하는 것은 생각에 문제가 있는 것 같았다.

행복이 저절로 품에 안기는 것은 아니다. 나는 행복하다고 생각하면 몸이 희열을 느끼게 되고 따라서 감사하는 마음도 생긴다. 행복이란 내가 남에게 사랑 받고 있다고 느낄 때 마음이 흐뭇하고 편안해지는 것이 아닐까? 눈을 감고 나를 사랑해주는 사람을 머릿속에 그려 본다면 입가에 가벼운 미소가 지어질 것이다.

반대로 나를 미워하는 사람을 떠올리면 얼굴에 긴장이 돌면서 화가 치밀어 오르는 것을 느끼게 될 것이다. 보복을 할 생각을 한다면 머릿속은 온통 이런저런 생각들로 꽉 차게 되고 긴장이 될 것이다. 이런 나쁜 생각에서 벗어나 행복은 사랑받는 느낌에서 시작된다. 많은 사람들이 사랑받기를 원한다. 하지만 모두가 사랑받기만을 원한다면 누가 사랑해 줄까? 사랑받기만을 원한다면 이기적인 사람이 된다.

내가 사랑을 받고 싶다는 생각이 든다면 남을 먼저 사랑해 주어야 한다. 내가 먼저 사랑해 줄 때 나도 사랑을 받을 수 있지 않을까? 서로 사랑을 주고받을 때 행복해지는 것 같다. 이것은 모든 인간관계에서 다 그렇다. 부부 사이, 부모와 자녀 사이에는 더욱 그러하고 또 필요하다고 본다. 세상이 각박하고 정이 메말라가는 이때 가정의 행복이 더욱 절실하다.

요즘 가정 관련 프로그램들이 생겨 아버지 학교, 어머니 학교라는 프로그램도 있는데 많은 아버지, 어머니들이 참석을 해서 교육을 받고 잃어버렸던 가정의 행복을 되찾아 기뻐하면서 교육장을 떠나 가정으로 돌아가는 모습을 보면서 가정의 행복이 얼마나 중요한지 깨닫는다.

이 세상에서 가장 아름답고 감동적인 모습이 바로 행복하게 웃는 부부의 모습이라는 것을 알게 된다. 부부가 행복하면 자녀들은 따라서 행복을 느끼며 하는 일도 잘 풀린다. 여러 관계들이 복잡해진 결혼 생활이 늘 순탄치 않다는 것을 모두가 잘 알고 있다. 앞뒤 재지도 않고 그대로 끝내고 싶어 하는 사람 역시 끝내는 일이 그렇게 쉽지만은 않은 일이라는 것을 잘 알고 있다. 가문을 말하지 않고 옛 풍속을 말하지 않아도 가정이라는 공동체는 어떤 동호회처럼 쉽게 해체하는 것이 아니라는 것도 모두가 잘 알기 때문이다. 그렇다고 그냥 내버려두어서도 안 되는 것이 가정이다. 자신의 행복을 바라듯이 다른 사람 역시 행복하길 원한다. 사람이 사람을 사랑하는 것은 원초적인 생각인데도 잘 안 되는 것은 이기적인 생각 때문이다.

나, 너 할 것 없이 사랑을 받고 싶어 하면서 사랑을 안 주는 것은 생각에서 멀어졌기 때문이다. 생각을 바꾸어 먼저 사랑한다면 가족 모두가 행복해질 것이다. 서로 이해하고 용서하고 그래서 더욱 사랑하고 사랑받는 행복이 가득 넘쳐 흐르는 가정을 이룬다면 사회가 밝아질 것 같다.

운동은 근심, 슬픔, 아픔을 잊게 한다

초등학교(국민학교) 2학년 때의 일이다. 농촌에 모심기, 김매기가 끝이 나고 오곡이 한참 익어가는 팔월 한가위가 오면 며칠 후 초등학교(국민학교)에서는 어김없이 운동회를 한다. 운동회 날이 오기 전에 반별로 연습을 하느라 운동장이 소란스럽고 빌 틈이 없었다. 그때마다 나는 1등 아니면 2등을 달리고 있었다. 추석이 지나고 며칠 후 운동회 날이 되었다.

오늘은 어머니가 맛있는 음식을 가지고 학교에 온다는 기쁨에 들뜬 마음으로 아침을 먹으려는데 아버지가 식전에 밭일 갔다 헛기침 소리를 내며 들어오시더니 "장림이 오늘 일등 못하면 집에 들어오지 말아라.” 하신다. 어린 나에겐 많은 부담으로 다가와 듣는 순간부터 가슴이 콩닥거렸다. 2등을 할 수도 있는데 서서히 학교가 가기 싫어지고 겁이 난다. 어린 소견에 나는 오늘 1등을 못 할지도 모르는데 이 집을 나가면 다시는 못 들어올 수도 있으니 운동회고 무어고 집어 치우고 밤에 나와야지 마음먹고 어른들 밥 먹는 틈을 타서 광에 숨어 있었는데 소주를 즐겨 드시던 아버지가 소주를 드시려고 광으로 들어오다 나를 보시고 깜짝 놀라며 화를 버럭 내셨다. 나도 너무 놀랐다. 이유는 묻지도 않고 회초리로 사정없이 후려갈긴다. 종아리가 터질 것 같아 눈물도 말도 나오지 않고 온 몸에 땀이 흥건히 배었다.

이 사실도 모르고 딸의 재롱을 보기 위해 빨리 학교에 가시려고 점심을 서두르고 있던 어머니가 나의 울음소리를 듣고 달려와 매를 맞는 나를 보고 “이게 웬일이야, 학교 간 줄 알았는데.” 하시며 안쓰러워 어쩔 줄 몰라 하신다. 이제라도 학교 보내면 되는 일이 아니냐며 아버지에게 이제 그만하라고 회초리를 빼앗아 버린다.

어머니는 그 자리를 모면하려고 대충 밥을 챙겨 머리에 이고 내 손을 잡아끌고 정신없이 집을 나선다. 친구들은 늦게야 학교에 나타나는 나를 보고 놀란다. 그 후부터 체육시간이면 죽기 살기 노력해서 3학년부터 중학교 3년까지 달리기, 넓이뛰기, 배구 선수가 되었다. 배구는 단체경기이기 때문에 내 힘으로 우승을 할 수 없지만 달리기, 넓이뛰기는 도내 체육대회에 나가서도 일등 자리를 내어주는 일이 없었다. 중학교 입학 시험 때 체육점수 100점 만점에 100점을 얻었다. 결혼을 하고 아이들을 키우면서 자모회 배구 선수를 맡고 있다가 아이들이 초등학교를 졸업하고 운동은 거의 단절을 하고 살았다.

아이들이 성장해 곁을 떠나고서야 자신을 돌보게 되고 현실에서 뒤지지 않으려고 새로운 문화를 받아들여 문화원 창작반에서 시를 쓰고 복지관 컴퓨터 교실을 찾아다니며 워드를 익히며 많은 노력을 했다.

정신적인 문화만 받아들이다 보니 내게 무언가 부족함을 알게 되었다. 눈이 즐거워하는 부분도 있어야 할 것만 같아 무엇을 해야 할지 찾지를 못하고 있었는데 다리가 아파 한의원에 갔다가 의사와 이야기를 나누던 중 야생화 모임에 나오지 않겠냐는 제의를 받게 된다. 쾌히 승낙을 하고 의사를 따라 야생화 전시장에 들어서니 향기가 코를 자극하면서 깔끔하게 다듬어진 야생화들의 모습이 기생의 모습처럼 단정했다. 아름다운 그 매력에 흠뻑 빠져 그날로부터 야생화의 친구가 된다.

새로운 것들을 보게 되면 충동을 이기지 못하고 빠지게 된다. 컴퓨터 교실 아래층에서 열심히 탁구를 치는 분들을 봤다. 나도 모르게 학창 시절 운동하던 생각이 들어 한 친구를 잡고 가르쳐 달라고 매달리게 된다. 두 사람은 전보다 더욱 가까운 친구가 되어 나는 탁구를 배우고 그는 나에게 컴퓨터를 배우고 서로가 부족한 것을 얻게 된다. 바쁜 시간 쫓아 다니며 매일 땀 흘리며 하는 운동은 내 성격 자체를 바꾸어 놓기 시작한다. 탁구는 다른 운동보다 전신을 움직이는 온몸 운동도 되고 머리 회전도 되며 즐겁고 많이 웃을 수 있어 좋았다. 운동을 하다 보니 몰랐던 것을 알게 되었다. 젊어서부터 매일 운동을 하고 살아온 사람과 운동을 전혀 하지 않고 살아온 사람이 70세가 되니 10여 년 차이가 나 보이는 것을 깨닫게 되었다. 날이 갈수록 실력은 늘어나고 모든 생각은 긍정적으로 변하며 안 좋은 일을 봐도 마음은 늘 된다는 생각이 지배적이고 즐거움으로 변한다.

사람마다 살아가는 방법이 다르고 얻어지는 효과가 다르겠지만 날로 흘리는 땀은 내 얼굴에 주름을 늘어나게 하지만 마음속에 있던 주름은 차츰차츰 줄어드는 것을 알게 된다. 체중이 빠져 피부에 주름이 오면 예쁜 주름으로 만들어지고 밝은 표정으로 바뀌고 행복감을 키운다. 따라서 건강 상태도 표정에서 묻어난다. 지난 삶 속에 잠재되어 있던 모든 근심, 불안, 걱정 모두를 지워버린다.

5부

수의와 배냇저고리

우리 부모님 세대에는 수의를 환갑 때 해놓으면 오래 산다는 속설이 있었다. 지금은 장의사가 있어 만든 수의를 구입할 수 있지만 40년 전만 해도 대부분이 마을마다 수의를 잘 짓는 터줏대감 노릇을 하는 어른이 계셔서 흉사 때마다 모셔다 놓고 지도를 받았다.

시어머니는 환갑이 지나자 손수 짜두셨다던 명주 몇 필을 들고 그분을 찾아가 수의를 만들어 오셨다. 수의를 해놓으면 오래 산다고 하셨지만 나는 근거 없는 말이라 생각되어 전혀 믿지를 않았는데 그래서 그런지 시아버지는 94세까지 사셨고 시어머니는 89세에 세상을 뜨셨다. 두 분 다 평균 수명을 넘게 장수를 한 셈이다.

명주는 다른 천에 비해 좀이 잘 먹어 간수하기가 여간 까다로운 게 아니다. 좀약을 넣으면 수월한데 좀약은 죽어서 저승길 갈 때 냄새를 피우면 안 된다고 하시며 펄쩍 뛰셨다. 봄부터 가을까지 좀먹지 않게 하려면 한 해 3번은 햇빛이 좋은 날 바람에 널어 보송보송하게 말려서 사이사이다 은행잎 말린 것과 신문을 넣어 두라고 하셨다.

그렇게 하기를 35년을 하다 보니 '왜' 이렇게 일찍 만들어 사람을 힘들게 하나 싶어 말은 못하고 성가셔서 화가 났다. 내가 자랄 때 친정어머니는 늦도록 동생들을 낳으셨다. 지금은 피임이다 유산이다 해서 낳고 싶은 대로 낳아 기르고 싶은 대로 기를 수 있지만 60년 전엔 시골에서 경제적 여유도 없고 유산을 시킬 수도 없어 생기는 대로 다 낳았다. 그래도 낳기만 했지 의술이 발달하지 못해 홍역이 동네 들어오거나 장질부사가 들어오고 독감이 유행을 하면 반은 죽고 반만 살아남았다고 보면 된다. 임신을 해도 제대로 먹지도 못하고 일은 힘들어 자연유산도 많았고 10달을 품고 고생하다 난산도 많았다. 그때는 혼자만의 일이 아니고 동네가 다 그러했으니 그러려니 하고 살아가는 것 같았다. 지금 생각해 보면 얼마나 힘들고 괴로웠을까 싶은 생각이 든다.

그때는 동생들이 몇 년을 크다 갑자기 죽기도 했다. 오래전 일이라 그런지 지금 생각하면 철이 없어서인지 동생이 죽어도 그렇게 애 터지도록 슬퍼하지도 않았다. 생존확률이 적다보니 낳고 바로 출생신고도 하지 않고 크는 것을 봐 가면서 동생을 낳으면 같이 출생신고를 하던지 동생은 그대로 두고 언니나 오빠의 출생신고를 했다.

아이의 배냇저고리는 지금처럼 촉감 좋은 융단으로 하는 게 아니고 뻣뻣한 광목을 잘라 만들어 아기에게 입혀주면 뻣뻣해서 몸에 발진이 일어나기도 했었다. 어머니는 동생을 낳아 놓고 광목도 없어 가루 포대를 빨아서 배냇저고릴 만들어 입히는 것을 본 기억이 난다. 배냇저고리는 자기가 어쩌지 못하고 부모에게 얻어 입어야 하는 게 배냇저고리라고 하셨고 살다가 병들어 죽게 되면 좋으나 싫으나 그때는 자식 손에 한 벌 얻어 입고 황천길 가기 싫어도 가야 하는데 그때 입는 게 수의라고 하셨다.

지금 생각하면 아이를 낳은 산모가 앉아서 바느질을 하는 것도 이상하게 보였고 '왜' 어려서 아무것도 모르는 딸에게 수의를 이야기 하셨는지 이해가 안 된다. 그 시절엔 아이를 낳다가 아이가 거꾸로 나오면 산모가 죽는 일도 허다했다. 엄마가 혹시 죽을 것 같은 생각이 들어 나에게 얘기를 하지 않았을까! 하는 의혹도 가져봤다. 그런데 꼭 그렇지만도 않은 것 같았다.

친정어머니도 죽음 옷을 손수 만드셔서인지 오래 사셨다. 그분들은 공통점이 있었다. 회갑 대 수의를 만드셨고 살아있는 동안 수의를 보물처럼 귀하게 여기셨으며 그것을 죽을 때까지 간수하느라 너무 많은 힘이 들었다. 그 때문에 시부모가 장수를 한 건지 모르지만 나는 이다음 먼 길 떠날 때 내 뜻과는 상관없이 자식들 손에 수의를 얻어 입고 떠날 생각이다.

프란체스코 교황 한국 방문

1984년 요한바오로 2세 교황님이 103위 시성식을 서울 여의도 광장에서 올리고 1989년 제44차 세계 성체 대회 때 2차 방한을 하셨다. 프란체스코 교황님이 우리나라를 찾은 것은 25년 만인 2014년 8월 14일, 세 번째 교황으로서 우리나라를 민족분단국으로 아쉽게 생각을 하고 각별히 오신 것으로 알고 있다.

8월 14일 청와대에서 박근혜 대통령을 만난 교황님은 한반도의 평화와 화해의 길이 열릴 수 있도록 힘써 달라고 부탁을 했으며 우리나라 카톨릭 교회는 선교사의 힘으로 이루어진 것이 아니고 국민들의 자발적 힘으로 이루어진 것이라고 설명을 하시고 초대해 주셔서 감사하다는 말을 하시고 나라도 언어도 다르지만 마음은 하나라며 한국을 찾아오시게 된 이유를 전했다.

8월 15일은 5만여 명의 신자들과 아시아 주교단 30여 명, 한국 주교단 20여 명이 더위도 잊고 대전 월드컵 경기장에 모여 성모승천 대축일 미사를 집전하셨으며 일본 압제로부터 해방된 날이기도 한 광복절이라 미사의 의미가 더욱 컸다. 미사 전 세월호에서 생존한 학생들과 유가족들을 만나고 단원고를 출발해서 팽목항을 들려 도보로 십자가를 메고 여기까지 온 세월호 유가족들로부터 십자가를 받아 로마로 가져가기로 약속을 하시고 유가족들을 위로했다. 미사 때에 노란 리본을 제의에 달고 미사를 드렸다.

오후에는 솔뫼성지 김대건 신부의 생가를 방문하시고 장미꽃을 영전에 바치며 기도를 하셨다. 8월 16일 광화문에는 수십만 명의 신자들이 전국에서 몰려와 한국 순교자 124위의 시복미사를 집전하시는 프란체스코 교황님의 미사에 동참했다.

시복식 후 충북 음성 꽃동네로 가셨는데 이곳 역시 카톨릭 신자들로 넘쳐났다. 장애인들을 위로하시고 어린이들의 재롱도 보시며 병든 자와 가난한 자를 위해 기도하셨다. 가는 곳마다 카톨릭 신자는 두말할 것도 없고 일반인들도 교황님의 인자함에 감동받아 한마음으로 그를 존경하고 칭찬을 했다.

8월 17일 해미성지에서 제6회 아시아 청년대회 폐막미사를 집전하시고 우리나라 천주교 청년들과 총 23개국 아시아 카톨릭 신자 청년들 6,000여 명을 만나셨다. 1790년부터 100여 년간 많은 천주교 신자들이 고문을 당하고 박해를 받으며 억울하게 순교를 당한 곳이다.

이곳에 진둠벙과 여숫골이 있는데 천주교를 믿는 사람은 이유를 불문하고 살아있는 사람을 둠벙에 빠트려 생매장을 했다고 한다. 그런 뜻으로 진둠벙이 생겼고 여숫골은 끌려가는 신자들이 '예수 마리아'를 입으로 부르짖으며 따라 갔는데 그 소리를 사람들이 '여수머리아'로 잘못 알아듣고 붙여진 이름이 여숫골이라 한다.

8월 18일은 명동성당에서 박근혜 대통령이 참석하시고 위안부 할머니들도 참석을 하고 세월호 가족들도 참석을 한 자리에서 교황님은 한반도 평화를 기원하는 미사를 집전하셨다.

프란체스코 교황님은 고령의 나이에도 지치는 기색 없이 오후 1시가 넘어서 4박 5일의 일정을 한국에서 무사히 마치고 종교도 다르고 민족도 다르며 언어도 다르지만 마음과 마음이 하나가 되고 온 국민은 고맙다는 마음과 성인 중에 성인이라고 한목소리를 냈다.

주변 사람들은 하나같이 말을 했다. 저분 같은 분이 우리나라에 있으면 좋겠다고! 프란체스코 교황님을 존경하고 환호하는 대한민국 국민들은 가슴속에 아쉬움을 간직하고 멀리서나마 그분의 건강을 빌면서 감사의 뜻을 전하며 8월 18일, 그분을 로마로 보내드렸다.

프란체스코 교황님은 2013년 3월 13일 제 266대 교황으로 선출된 교황님으로 다시금 한국을 찾아주시기를 바라며 건강하시기를 바란다.

설탕 없는 독특한 껌

올 들어 몇 차례 태풍을 겪으면서 돌아가신 어머니 품이 그리워 고향을 닮은 들판을 말없이 걷다가 집으로 돌아왔다. 마음이 허해질 때면 소녀 시절 불호령을 하시던 아버지의 모습이 떠올라 길을 가다가도 잠자리에 들다가도 부모님의 품이 그리워질 때가 있다.

지금은 잊고 살아갈 만큼 오래된 추억이지만 용돈도 없고 군것질할 게 없던 시절이라 밀밭을 지날 때면 친구들과 불을 피워 놓고 밀을 뜯어 불에 구워먹기도 하고 밀알로 껌을 만들어 씹었다. 지금은 껌 종류가 넘쳐나도록 많지만 1950년 이전엔 공장에서 만든 껌은 돈이 없어 사지를 못했다.

학교 가는 언덕에 밀밭이 있으면 밀밭에 들어가 몇 송이 손으로 비벼 입에 넣고 죽어라 하고 씹다 보면 밀기울은 간데없고 찰기가 있는 껌이 되었다. 그것을 오래 씹다보면 턱이 아파진다. 침착하지도 못한 아이들이라 씹던 껌을 벽이나 책상 모서리에 붙여 놓아 선생님이나 친구들이 모르고 그곳을 스쳐 지나가거나 기대고 섰을 때 옷을 버리기 일쑤였다. 선생님이 화가 치밀어 '누구의 짓이야!' 하고 고함을 지르면 겁이 나서 아무도 제가 했다는 말을 하지 못한다. 그러면 그날은 단체 기합을 받는 날이다.

맛있게 씹는 것을 보고 있던 옆 친구는 한 무리에 끼고 싶고 부럽기도 해서 물끄러미 쳐다보며 입맛을 다시다가 "나 좀 주면 안 돼?" 하고 더럽지도 않은지 손을 내민다. 그럴 때 입을 벌려 더러운 손으로 뚝 떼어서 입에 넣어주면 더러운 것도 모르고 좋아하면서 같이 씹으며 즐기던 어린시절이 있었다.

한참을 씹다가 이것을 입에서 꺼내 양손 엄지와 검지로 매 이겨 껌을 앞니로 살짝 물고 양손으로 당기면 한지처럼 얇은 막이 생긴다. 이것을 혀끝으로 치면 딱딱 소리가 난다. 그 소리에 매력을 느끼고 이 친구 저 친구 같이 소리를 내면서 그것이 재미있어 때로는 수업종이 울리는 줄도 모르고 모여 있다가 교실 밖에 벽에다 쭉 붙여 놓고 달음질을 치다 단체 기합을 받기도 했다.

그때는 선생님이 무섭고 어린 소견에 선생님이 미웠지만 지금 생각하면 철부지 아이들을 사람 만드느라 얼마나 힘들었을까! 오죽하면 선생님 똥은 개도 안 먹는다는 말을 했을까! 싶기도 하다. 함께 즐거웠던 그때를 지금 떠올리기만 해도 즐거워진다. 요즘 아이들은 공부에 목숨을 걸 정도로 공부밖에 모르니 추억거리가 별로 없다.

껌을 버릴 줄 모르고 집에까지 가지고 와서 따뜻한 방바닥에 붙여 놓고 배를 깔고 누워 숙제를 하는데 어머니가 들어오셔서 "숙제 하는구나?" 하며 앉으셨는데 방바닥에 붙여 놓은 껌을 나도 깜박 잊고 어머니도 모르고 깔고 앉아 물레로 실을 뽑다가 얼마 후에 일어서서 나가시는 어머니 모습을 바라보는 순간 나는 놀랐지만 혼날까 두려워 모른 척하고 있다가 겁이 나서 "엄마 치마에." 하고 손으로 가리키자 어머니는 앞으로 몇 발짝을 걸어갔고 껌은 엄마 치마를 놓지 않고 실을 뽑으며 따라 간다. "엄마 잠깐만, 치마에 껌 붙었어." 돌아다 본 엄마는 한숨을 쉬더니 화가 나서 어쩔 줄을 모르시고 "조심성이 이렇게 없어 어쩔 거야." 소리를 지르더니 밖으로 나가 물로 빨았지만 지워지지 않았다. 햇빛에 말린 치마는 껌 자국이 보기 흉하게 까맣게 말라 붙어 있었다. 몇 벌 안 되는 옷으로 살아가는 엄마에게 어린 마음에도 너무 미안했다.

요즘엔 껌에 단물만 빠지면 사람들은 아무 생각 없이 길을 가다 무심코 길바닥 어디에고 뱉어버리고 길을 간다. 길바닥에 버려진 껌은 행인들 발길에 밟혀 신바닥이 끈적거리기도 하고 동그라미를 그린 채 추한 모습으로 오래도록 지워지지 않고 인도블록을 얼룩지게 만든다. 쓰레기는 한순간 쓸어버리면 그만이지만 껌을 버린 흔적은 거리를 흉측하게 만든다.

서울역에 내려 전철역을 빠져나오는데 청소하는 아주머니들이 물그릇을 가지고 바닥에 죽치고 앉아 도구로 일일이 껌을 떼어내느라 애를 먹고 있는 것을 봤다. 길바닥에 껌을 버리는 것이 얼마나 나쁜 것인지 아는 저 아주머니들은 평생 길바닥에 껌을 버리는 일은 없겠구나 싶었다.

의식을 갖춘 시민이라면 사소하고 작은 일이지만 나로 인해 누구를 힘들게 해서는 안 되겠다는 생각이 들 것이다.

거짓 없는 눈

사람은 정초에 계획을 세우고 일이 시작되지만 식물들은 봄부터 새순을 틔우는 것으로 삶이 시작되는 것을 볼 수가 있다. 식물들과 한마음 되어 살아온 지가 50여 년, 내가 지금 기쁨을 누리며 살아갈 수 있는 힘을 길러준 건 그들의 힘이다. 그들을 보면 마음은 즐거워지고 혼자 있어도 눈은 늘 웃고 있다. 소리 없는 대화가 오고간다. 바쁜데도 바쁜 것을 느끼지 못하고 그들의 매력에 빠지게 된다. 그들이 곁에 있어 늘 행복하다.

조물주가 준 건지 부모의 유전으로 내린 선물인지 나는 무엇보다 눈이 자신이 없어 스트레스를 받고 살아온 지 오랜 세월이 흘렀다. 사람들로부터 인상 고약하다는 말을 듣지 않으려고 시간 나는 대로 거울을 보고 얼굴 표정을 바꾸려고 노력을 하기도 했다. 그래서 그런지 내 눈은 항상 사람을 보면 변함없이 웃게 된다. 그 덕인지 요즘은 스트레스 없이 넘길 수가 있고 귀엽다는 말도 자주 듣고 있다. 이 이야기를 남들이 들으면 웃을지 모르지만 사실이다.

나에겐 어려움을 물리칠 수 있는 힘이 웃음이고 건강을 유지할 수 있는 힘도 웃음이며 질병으로부터 보호받을 수 있는 힘도 웃음이다. 내가 몰라서 그렇지 내 눈은 잘 때도 웃고 있지 않을까! 하는 궁금증을 가질 때도 있다.

세월이 흐르다 보니 남들의 눈과 내 눈이 다른 점을 찾게 되고 살아오는 동안 말은 하지 않았지만 남들이 무심코 지나치는 것을 예리하게 잡아내는 장점도 있다는 것을 알게 되었다. 그 덕에 수필도 쓰고 아름다운 시도 쓰게 되었다. 글을 쓸 때는 항상 남을 먼저 생각하게 되고 조심스러워진다. 봤다고 다 말 못 하고 들었다고 다 못 전하며 글로도 표현 못 하는 게 인간의 마음이다.

사람마다 세월 따라 장점만을 키우기를 바라지만 장점을 키운다는 것은 쉽지 않은 일로 단점을 버리는 노력을 하지 않는 사람에게는 장점이 클 수가 없다. 사람이라면 누구라 할 것 없이 단점을 더 잘 기억한다고 한다. 남의 단점을 보고 평하는 것은 아름답지 못하기 때문에 말을 말아야 한다.

내가 내 단점을 고치려고 노력한 지가 45년이란 긴 세월이 흘렀다. 철없던 시절 오해로 나를 욕하던 사람이 수십 년이 흘러간 오늘에야 "그건 아니었구나! 내가 너를 잘 모르면서 남의 이야기만 듣고 정말 미안하게 됐다."라면서 말해주는 사람도 요즈음 있다. 사람이 듣고 전하는 말과 눈으로 보고 전하는 말은 전혀 다르다.

살면서 많은 것을 겪었고 이제 삶을 차츰차츰 정리를 해야 할 단계에 이르니 늘 죽음을 생각하게 되고 눈엔 애정이 담겼고 사람을 대하면 늘 웃게 된다.

사람도 나이테가 있을까

나를 만나는 젊은 아우들은 가끔씩 이런 말을 한다. 형님을 만나면 부담이 없고 기대고 싶어진다고. 그 말이 진실이던 가식이던 나로서는 듣기 좋은 말이다. 먼저 그 사람 입장에서 마음을 열어 그의 눈동자 속으로 들어가는 것이 내가 사람을 대하는 태도다. 상대를 편안하게 대해주고 싶고 도울 수 있는 일이 있다면 돕고 싶은 생각이 눈빛에서 온몸으로 배어나오기 때문일 것이다.

만나는 사람들은 대화를 해보면 할머니라고 생각되지 않는다며 도대체 몇 년생인지 가르쳐 달라고 한다. 그때는 '내 나이를 잊고 산지가 오래되어 모르니 보이는 대로 생각하면 그게 내 나이지' 하고 웃어넘긴다.

누가 내 나이를 물어오면 절대 가르쳐 주고 싶은 생각이 없다. 수필 1집을 낸 후부터 더욱 묻는 숫자가 늘어났다. 내 책을 읽으면 그 속에 내가 살아오면서 나무처럼 그려 놓은 나이테를 볼 수가 있으니 90%는 내 나이를 짐작할 수 있다고 이렇게 말을 해준다.

나이 들어가는 것을 좋아하는 사람은 없다. 그렇게 싫을 수가 없다. 아마 나이 든 사람들은 다 그러리라고 믿는다. 나이가 들어가면 그만큼 잃어가는 게 많기 때문이 아닐까? 나이 들어 불편한 것은 내 또래 어른들이 사회 나와 활동하는 사람이 별로 많지 않아 움직이는 회원들 연령이 내 아들 또래기 때문에 그들과 함께 있으면 행동이나 말이 알게 모르게 제한을 받는다는 것이다.

나이가 들면 세월이 쌓인 만큼 사람이 성숙하고 아랫사람들보다 아는 것도 많고 믿음이 가야 하는데 오늘이 오도록 나는 무엇을 하고 살았는지 이제야 뒷모습이 보여 나를 부끄럽게 만든다.

말하지 않아도 펼쳐 들지 않아도 누구의 앞에 서게 되면 누구나 사람다운 냄새가 나야 하는데 갖추지 않은 사람의 향기가 날

턱이 없고 이제라도 노력하며 살아보려고 한다. 시간 나는 대로 글도 쓰고 남의 책 읽는 것도 부지런히 해서 내심 다지기 위해 노력해 보려고 한다. 나무의 나이테가 추운 겨울을 거쳐 가야 하나씩 더해가듯이 인간의 나이테는 떡국을 먹고 해가 바뀌는 것으로 나타나는 게 아니라 고통을 받으며 성숙할 때 나타난다. 아플 때마다 나무의 나이테를 닮은 동그라미가 가슴속에 그려지는 것이다. 내 나이에 비하면 나이테는 반도 그려져 있지 않을 것으로 생각이 든다. 죽기 전에 빠른 속도로 나이테를 그리려면 많이 아파야 하는데 아플 일은 많지만 겪어낼 힘이 없다. 내 나이만큼 선명한 나이테를 남기고 가야 할 텐데 내게는 면역이 부족한 것 같아 우선 무엇부터 해야 할지 모르고 살아간다.

밤마다 악몽에 시달리다

2011년 조류병이 전국으로 번지면서 죽은 닭, 산닭을 가리지 않고 공무원들이 포대에 담아 사정없이 묻어버려 농부들을 슬픔에 빠트리고 전국을 떠들썩 하게 하더니 이번엔 아직 봄이 오기도 전에 소의 광우병 소식이 날 새기 무섭게 전국으로 번져 이곳 저곳에서 축산을 하는 사람들이 잠을 이루지 못할 만큼 긴장을 하게 하고 마을과 마을을 차단시키며 사람들 왕래를 끊어버렸다. 그뿐만 아니라 산 소, 죽은 소 가리지 않고 끌어 묻는다.

2012년 1월부터 2월 사이 설 명절도 어찌 지나간 줄도 모르고 나라가 들썩했다. 정부에서는 명절에 자식들이 고향 방문을 못하게 당부를 하고 고속도로에서도 일반도로에서도 방역을 하느라 공무원들이 밤늦도록 땀을 쏟는다. 이번 명절엔 이유 불문하고 고향 방문을 할 수가 없게 되었다. 조상님과 부모님을 찾아 새해 인사도 못 드리고 안부 전화로 대신하는 것으로 명절을 보냈다.

식육점마다 사람들 발길이 끊어지고 당분간은 문을 닫거나 썰렁한 냉기가 감돌 것 같다. 언제 어떻게 될지 모르지만 이 고비가 지나고 나면 소 값은 치솟고 덩달아 소고기 값이 올라 식탁을 위협하게 될지도 모른다.

광우병에 걸린 소가 몸을 부르르 떨면서 입에서 거품을 흘리고 눈물을 흘리며 쓰러지는 것도 한두 번도 아니고 매일 소를 끌어 묻고 집에 가면 잠이 들지 않고 악몽에 시달리고 수의獸醫는 물론이고 기술센터 직원들도 방역과 예방접종에 밤낮을 모르고 쫓아 다닌다. 닭은 몸이나 작지, 덩치가 큰 돼지나 소를 수십 수백 마리를 산 것 죽은 것을 한꺼번에 묻어버리는 것도 만만치 않아 주인은 말할 것도 없고 그 일을 돌보는 공무원들도 겁에 질리고 심장이 떨려 제정신으로는 할 수가 없어 사표를 내면서 공무원이 된 것을 후회를 했다고 한다.

마음은 마음대로 괴롭고 처리장의 오물 냄새는 그들의 속을 뒤집어 식사도 할 수 없게 만들고 소가 아파서 울고, 무리와 떨어져 슬퍼서 울고 그들이 말은 못해도 울부짖는 슬픈 표정을 보면 사람보다 더하면 더했지 덜할 것도 없다고 현장에서 일을 하는 공무원들은 사람이 할 짓이 아니라고 말을 한다.

어느 동물보다 소는 눈물이 많아 죽으려고 몸부림치거나 아프면 눈물을 흘린다고 한다. 이것을 날마다 지켜보고 소 무덤을 써야 하는 공무원들은 지친 몸으로 해가 져서 집으로 돌아오면 밤새 현장이 눈에 밟혀 악몽에 시달리고 불면증에 시달리며 식욕을 잃고 일은 바쁘고 병원에 갈 시간이 없어 수의에게 몸살 주사를 부탁했더니 소에게 놓아야 할 광우병 주사를 사람에게 놓아 깜짝 놀라 어떻게 할 수도 없고 속으로는 겁이 나지만 한바탕 웃었다고 했다.

얼마나 힘이 들고 사람이 탈진 상태이기에 이런 실수를 할 수 있을까! 이해는 간다. 광우병 주사를 맞고도 아무렇지 않느냐고 물으니 "아직은! 몇 년 후에 내가 어떻게 변할지는 아무도 모르지만." 하면서 어이가 없다고 했단다.

송아지 한 마리를 가지고 수십 마리에서 몇 백 마리로 늘려가는 축산 농가는 늘어나는 재미로 살았는데 어느 날 갑자기 날벼락 같은 일을 당했으니 제정신이 아니지! 그분들은 눈만 뜨면 먹여 주고 쓰다듬어 주고 어디 꼭 가야 할 경사나 흉사에도 대신 사람을 보내고 그 곁을 떠나지 못하는 것을 보았다.

어떤 가장이 아내에게 자식에게 끼니마다 먹을 것 챙겨주고 만져주고 사랑해주고 하겠나? 그렇게 수년을 소와 함께 해온 그들이 한 마리 두 마리도 아니고 축사가 그득할 정도로 많던 소를 도둑을 맞은 것도 아니고 눈앞에서 생매장을 시키는 것을 봐야 하는 그 심정, 왜 같이 따라 죽고 싶지 않을까! 마음이 여리고 나약한 주인은 아내도 자식도 눈에 보이지 않아 소 따라 자살도 하고 병원에도 실려 가고 술로 살아가는 방탕생활도 한다고 하니 가슴이 아프다.

광우병이 본래는 소의 병이 아니고 양의 병이라고 한다. 양이 죽게 되니 버리기가 아까워서 배합사료를 만들어 소에게 먹인 것이 시작된 동기라고 한다. 불행은 사람들이 만들어내는 것이 대부분이다.

떳떳하지 못한 재물은 화를 부른다

내 주위엔 온통 나이 든 어르신들뿐이다. 나이 든 노인들 때문에 나라가 고민에 빠지고 있다. 아기의 울음소리가 마을을 떠난지가 오래다. 우리 마을은 70호 남짓한 살기 좋은 마을인데도 다를 바가 없다. 어느 순간부터 젊은이가 보이지 않고 뒤이어 아이가 없어지더니 이제 눈에 띄는 사람은 나이 든 할머니들뿐이다. 할아버지를 만나기도 어렵다. 일본은 고령화 사회로 접어든지 꽤나 오래 되었고 이제 우리나라도 고령화 사회로 진입을 하고 있단다.

젊은이들은 벌이를 찾아 대도시로 떠나고 서울로 모이더니 지역 발전에 불균형을 가져오고 중산층이 눈에 띄게 줄어든다. 이제 중산층은 없어지고 빈부의 격차는 날로 심해져 감당할 수 없을 만큼 벌어졌는데도 나라의 대통령들은 돈을 챙기다 형무소를 드나들고 대기업의 사장들도 회사 돈을 자기 돈처럼 쓰다가 줄줄이 부정을 저지르고 법원 문 앞을 자기 집 들락거리듯 드나들고 있으니 나라 꼴이 말이 아니다.

수억의 회사 돈을 챙기고 뇌물을 받고 세금을 탈세를 하고도 뻔뻔하기만 한 대기업 사장님들이 검찰에 송환되기만 하면 그것마저 피하려고 부랴부랴 병원에 입원을 하고 법정에 들어설 땐 휠체어를 타거나 링거를 달고 지팡이를 짚고 쓰러질 듯 곧 죽을 것 같은 모습으로 들어서는 꼴을 보고 언제 저분이 존경받던 대기업 사장인가 싶은 생각이 든다.

이제 그들에게 존경심을 가질 국민도 믿어줄 사람도 없다. 국회의원 역시 선거철엔 어린아이들 손까지 잡고 가장 선한 사람처럼 행동하며 시켜만 주면 국민을 위해 죽을 것 같이 아부를 하다가도 일단 당선만 되면 챙길 것 챙기고 마치 당을 위해 일하고 당을 위해 충성하는 국회의원으로만 생각이 들어 국민들은 후회와 실망스런 눈으로 그들을 지켜볼 뿐 다음 선거 때가 오면 뽑아주지 않아야 하는데 닥치면 또 마찬가지다.

아무것도 모를 때는 대기업이 국민을 먹여 살리는 줄 알고 고맙게만 느꼈는데 회사 돈의 절반이 나라 돈이란 것을 알고는 '국민들의 세금을 가지고 가서 일을 하기로 했으면 끝까지 정성과 열의를 다해 양심을 버리지 말고 책임감 있게 했어야지 저럴 수가 있을까!' 싶다. 대통령이 되었으면 국민의 손발이 되었어야할 텐데 왜 말도 안 되는 행동을 하고 말도 안 되는 말을 하다 국민들 손에 심판을 받는 졸렬한 대통령이 되어 국제적 망신을 당하는지 국민의 입장에서 한심하기만 하다.

나라를 일본 사람들로부터 구하려고 목숨을 걸고 싸우다 이제 노인이 된 사람들이 사회로부터 외면당하고 자식들로부터 외면당하고 이제 다음 세대들이 부모를 책임지려고도 하지 않는다.

여론조사에서 자살을 생각하며 살아가는 노인이 15%나 된다고 하니 심각한 상황이다. 사람이 나서 가는 길은 한 길밖에 없는데, 자연스럽게 부모가 가는 길을 결국은 자식이 가는 것인데 자식들은 왜 그것을 받아들이지 못할까! 안타까운 일이다.

나는 늘 자식들에게 말한다. 마음을 바로 가지고 살라고. 돈을 벌고 못 벌고는 마음대로 할 수 없지만 마음은 내 것이고 내 마음대로 하기가 쉬우니 없어도 자신감과 용기만 가지고 있으면 겁나는 일이 없고 부지런하면 죽 먹을 것 밥은 먹고 살 수 있다고. 내가 가지고 있는 소질을 살리면 노년에 취미 생활이 되어 즐겁게 살 수 있으며 자연이나 동물이나 사람이나 제가 가는 길이 있고 선은 선을 따라 흐르고 악은 악을 따라 흐르는 것이 진리이다. 아무리 아니라고 우겨도 사람은 길을 따라 길을 간다.

누구나 꿈꾸는 마을

김천시는 어느 곳이나 청정지역이고 도로 주변 가로수를 잘 키웠으며 하행선과 상행선 가드라인을 토종 소나무들로 심어 운치가 너무 아름다워 김천을 지나는 사람들은 기차를 타나 승용차를 타나 버스를 타나 말은 다 같은 말이다. '정말 김천은 깨끗하고 아름다운 도시 구나!' '귀향을 꿈꾸는 것도 다 이유가 있었네!' 한마디씩 던지고 가는 곳이 김천이다.

김천은 농작물이 많아 서울서 내려온 분들은 생활비가 아주 적게 들어 좋다고 한다. 살기 좋은 도시하면 김천, 살기 좋은 마을 하면 부곡동 강각골이라고 한다. 우리 마을은 도서관과 서부

초등학교를 마을 양쪽에 대문처럼 두고 입구만 빼고 사방이 푸른 숲이 우거진 산으로 둘러싸여 산이 탄산가스를 흡수하고 산소를 내뿜는 아름다운 마을로 좌청룡 우백호가 확실한 마을이다.

아침저녁으로 황악산을 오르는 등산객들이 이 마을을 지나가면서 던지는 말이 있다. '정말 깨끗하고 조용하며 맑고 신선한 공기에 머리가 저절로 맑아진다!' 라고 한다. 덕분에 이 마을 노인들은 건강하게 살고 있다.

봄이면 벚꽃이 흐드러져 눈을 즐겁게 하고 늦은 봄이면 밤낮으로 산줄기를 타고 내려오는 아까시 향기는 스트레스와 피로를 잊게 하며 지나가는 사람들을 머물고 싶고 살고 싶게 만든다. 도심 속 농촌을 방불케 한다.

요즘 이곳에 팔려는 집이 없느냐고 찾아오는 사람들이 많지만 사려는 사람들은 많아도 팔려는 사람이 거의 없다. 요즘 직장 다니고 자녀 키우기 힘든 사람들은 아파트를 선호하지만 정년퇴임을 하고 생활에 여유가 있는 사람들은 이런 마을을 선호한다. 교통이 편하면서 이웃이 있어 외롭지 않고 텃밭에서 채소를 자급자족하면서 아침저녁 시간 날 적마다 산책도 할 수 있는 도시 근교의 단독주택을 선호하는 추세다. 그런 마을로는 누가 봐도 이 마을이 적격이다.

이 마을에 도서관을 지으면서 지리학자가 이곳이 지역이 좋은 곳이라고 했단다. 그래서 이 도서관에서 공부를 하고 시험을 보면 합격률이 높다고 하며 몇 호 안 되는 이 마을에서 판사, 의사, 대학교수, 작가, 은행지점장, 통운소장, 농협조합장 등 다방면으로 인재가 배출됐다. 유래도 모르는 강각골이라는 이름보다 이유도 있고 누가 들어도 쉽게 알 수 있고 친밀감을 느끼는 '선비마을' 이 좋겠다는 생각이 들어 도로 변경이 되고 새로운 문패가 집집마다 붙을 시기에 마을 이름을 바꾸려고 노력을 해봤는데 나이 든 마을 주민 몇몇 사람이 고집을 부려 아쉽게 무산된 적이 있는 살기 좋은 마을이다.

언젠가는 이 마을이 김천시 모범부락으로 선정될 가능성도 있다. 이 마을이 이렇게 되기까지는 통장의 역할도 컸다. 어느 부락 통장인들 자기 마을을 위해 일하지 않는 사람이 있겠냐만 우리 마을 황해일 통장은 부락민이 일어나기 전에 골목 청소도 하고 주민들이 이것이 있으면 좋겠다는 말을 하면 말 떨어지기 무섭게 동에 가서 해달라고 졸라 마을 어르신들이 불편 없이 살아갈 수 있도록 해준다. 강각골은 어느 마을보다도 깨끗하고 자연환경이 잘 어울리는 마을이다. 황해일 통장은 아직 젊다. 앞으로 이 마을을 위해 많은 일을 하리라 지역민들은 믿고 따른다.

중증 장애인을 찾아서

김천시 문화의 집 동화구연 어머니들과 노인복지관 기타 동아리 회원들은 6월 24일 어모면에 자리 잡고 있는 중증 장애인 자립지원센터 장애자들과 즐거운 시간을 갖기 위해 찾아갔다. 이곳에는 만18~40세 미만의 자폐성 장애인들이 약 20여 명 모여 보호를 받고 지낸다. 이날 중증 장애인들은 봉사자들을 보자 불편한 몸을 이끌고 달려와 밝고 환한 미소로 손을 흔들며 맞아주었다. 봉사자들도 손을 흔들며 웃음으로 답을 해주었다.

자폐성 중증 장애자들은 정신적으로나 육체적으로 스스로 통제가 되지 않는 사람들이다. 오늘은 이분들에게 우리들의 끼를 맘껏 발휘해서 이 시간만이라도 저들을 위해 즐겁고 자유로운 시간을 함께 할 생각이다.

동화구연 팀은 〈넌 아직 어려서 안 된다〉는 인형극을 보여주고 핫도그 아줌마-핫핫핫 핫도그 아줌마 핫도그 주셔요. 열 개만 빨리 주셔요. 적은 것 말고 큰 걸로 주셔요. 케첩도 뿌려 주셔요. 떡볶이 아줌마 떡볶이 주셔요. 열 개만 빨리 주셔요. 적은 것 말고 큰 걸로 주셔요. 백 원만 깎아 주셔요. '앙' 햄버거 아저씨 햄버거 주셔요. 열 개만 빨리 주셔요. 적은 것 말고 큰 걸로 주셔요. 소스도 뿌려 주셔요. 칙- 율동을 보여주니 침울했던 얼굴에 미소가 감돌고 아이들은 좋아서 어찌할 바를 모르더니 자리에서 박차고 일어나 서로 부둥켜안고 몸을 흔들어 댄다. 머리가 따라주던, 안 따라주던 음악과 리듬은 누구에게나 즐거운 것이다. 사람들은 말한다. 살면서 불치병 환자가 집안에 없는 것만으로도 행복해야 할 일이며 감사해야 할 일이라고 자기가 키우던 자식을 얼마나 힘들면 또는 얼마나 어려우면 이런 곳에 보내겠는가 살아가는 부모의 심정을 우리는 알지 못한다. 사람은 몸소 체험하지 않으면 내면의 깊이를 알지 못한다. 겪어보지 않고 남의 말을 가볍게 하는 것은 정말 삼가해야 하며 돕고 살 수 있다면 능력있을 때 도우며 살아야 한다. 노래를 목이 터져라 하고 소리를 질러댄다.

율동을 하는 동안 아이들은 감정을 주체하지 못하고 기세등등하여 사방으로 뛰어다니며 자기 흥에 도취되어 버럭버럭 소리를 지르며 자기들만의 언어로 손을 잡고 빙빙 돌기도 한다. 아픈지도 모르고 손바닥을 마구 치며 뛰어가다 기타반 어르신들이 '나의 살던 고향은' 하고 노래와 반주를 할 때는 한참을 심각한 표정을 짓더니 소리 없이 눈물을 보이는 아이가 있었다. 문득 고향집에서 부모와 함께 살아왔던 지난날이 떠오르는 듯했다. 동화구연 어르신들은 내 자식처럼 가슴이 아파 힘껏 안아주었다. 기타반 어르신들은 가라앉은 분위기를 살리기 위해 한참을 애쓰는 모습도 보였다. 내가 나서서 마술을 보여주자 분위기는 조용히 살아났다.

신기한 마술 몇 가지를 보고 난 후 아이들은 다시 살아나 즐거운 노래가 나오자 한 아이가 마이크를 잡고 두리번거리더니 사회자 흉내를 내며 혼잣말로 창밖을 내다보며 마이크는 그렇게 잡는 게 아니라며 큰 소리로 눈을 부라리며 꾸짖는 흉내를 낸다. 그때의 눈빛은 카리스마가 있었다. 이 아이는 아마도 학교에서 응원단장을 하지 않았나 하는 생각이 들었다. 몇 시간을 놀다가 모두 일어나 덩실덩실 춤을 추며 장애인과 비장애인 구분 없이 서로를 사랑하는 마음으로 서로에게 기와 웃음을 전하는 자리가 되었다.

김천의 관광지

— 직지사直指寺, 직지공원, 수도산자연휴양림, 부항댐 —

김천은 관광지가 많지는 않아도 직지사, 직지공원, 수도산자연휴양림, 부항댐은 가보면 잘 왔구나 싶고 기회가 되면 가족과 함께 오는 것이 좋겠다고 느껴진다. 보고 느끼는 것은 자연의 신선함과 이야깃거리가 있다는 것이다. 보이는 것도 많지만 눈으로는 볼 수 없고 마음이 열려 있어야 가슴으로 마음으로 볼 수 있는 것들도 많다. 아름다움은 마음이 열려 있어야 들어온다.

자연의 소리, 바람 소리, 새소리, 폭포 소리, 자연과 잘 어울리는 직지사直指寺와 직지공원, 여름철 더위를 느낄 수 없는 계곡의 울창함이 머리를 맑게 해주며 머물고 또 머물게 하는 수도산자연휴양림, 부항댐이 있다.

직지사는 김천역에서 20분 거리에 직지공원과 붙어있으며 신라시대 아도화상이 417년 누리왕 2년에 창건했다. 직지사에는 국보 1점(도리사 금동육각사리함), 보물 7점을 소장하고 중암, 운수암, 백련암, 은선암, 삼성암, 북암등 6개의 암자가 있다. 절을 찾아가는 마음은 깨달음을 얻고 수행과 참선을 하기 위한 마음이다. 김천 직지사는 사계절이 아름답기에 전국에서 많은 관광객이 끊임없이 몰려온다.

직지문화공원은 2005년에 완공되었으며 조각품(57점), 대형장승(천하장군, 지하장군), 조형분수, 성곽, 전통담장, 공연장, 산책로, 놀이시설, 갓 화장실, 쌍무지개 화장실, 도자기 전시관, 많은 수목들이 사람들의 피로와 스트레스를 풀어주고 푹 쉬었다 갈 수 있도록 도와주며 주차장 옆에 많은 식당들은 산채식사로 유명하며 값도 타 지역 관광지에 비하면 저렴하다.

모두가 즐거운 표정으로 주어진 시간을 즐기는 만큼 자연보호에도 많은 신경을 써야 한다. 수도산자연휴양림은 김천역에서 50분 거리이며 숲속수련관, 물놀이장, 7채의 숲속의 집, 3채의 힐하우스가 있으며 힐하우스에서 숲속휴양관까지 등산로가 있다.

마음이 괴로운 사람은 등산로를 따라 걷다 보면 잊게 된다. 여름방학 때 아이들과 시간을 같이 하고 싶은 가족이라면 정말 권하고 싶은 장소이다. 그러나 서두르지 않으면 자리가 늘 예약된 상태다. 한없이 맑은 계곡물 하며 수를 헤아릴 수 없을 만큼 많은 식물들, 말없이 조용한 산천은 사람을 받아들이기에 만족하리라 생각된다.

부항댐은 역에서 40분 거리로 밤이면 별빛이 가장 아름답고 가을이면 산허리를 감싸고 있는 북나무의 아름다운 단풍이 장관을 이룬다. 어렵게 부항댐을 만든 이유는 우리나라가 물부족국가로 알려지고 김천시가 물이 부족한 것은 시민이 다 알고 있는 사실이기에 물 부족을 해결하고 여름철 홍수 때 감천 연안의 홍수 피해를 방지하기 위한 방책으로 지좌리 마을, 산옥리 마을, 도곡리 마을을 어렵게 설득을 해서 이주를 시키고 수자원공사가 공사를 하고 오늘에 이르렀다.

김천시는 이곳에 오토캠핑장, 다목적 체육 공간, 문화 공간, 물문화관(삼산이수관), 부항대교, 효아 마을 등을 조성해 놓았다. 올여름 각처에서 자녀들과 여유를 즐기기 위해 많은 사람들이 부항댐을 찾아와 쉬어갔다.

머지않아 관광명소로 이름이 나고 김천시 경제발전에 이바지할 것이다. 2014년도에는 전국가족걷기대회가 이곳에서 있었다.

세계 속으로 파도치는 중국

선진국은 경제 성장이 느리고 후진국은 빠른 속도로 발전하고 있다. 중국은 20년 전만 해도 후진국이었다. 1995년 중국여행을 갔었는데 그때만 해도 관광시설은 보잘것없었고 우리나라 삼성건설이 들어가 지어놓은 5층짜리 아파트가 모두 비어있었다. 가이드에게 물었더니 돈이 없어 아무도 들어갈 사람이 없어서 비어있다고 했다. 백두산 올라가는 길은 포장이 되어있지 않아 비가 와서 도로가 마구 파헤쳐져 있어 가기가 힘이 들고 장백폭포에서 흐르는 온천수는 그냥 밖으로 흘러 계란을 흐르는 물에 넣어두었다. 익어서 먹기도 했었다. 그때는 중국 관광객이 우리나라를 관광 오지 않았을 때였다.

세계적으로 돈을 중국에다 가장 많이 쓰고 가는 나라가 한국이란 말을 했다. 한국관광객이 숙소에 놓고 가는 팁도 한국이 가장 많다는 말을 했다. 역으로 지금은 우리나라에 들어오는 타국 관광객 중에 중국인이 돈을 제일 많이 쓰고 일본인은 적게 쓰고 간다고 한다. 지난해 우리나라를 다녀간 외국인 관광객 수가 600만 명을 넘었다고 한다. 요즘은 메르스 때문에 관광객이 거의 오지 않는 실정이다. 중국은 세계가 주목하고 있는 나라다. 부산 달동네라고 불리는 감천문화마을을 골목이 비집게 찾아온다고 한다. 관광버스가 하루에 10여 대씩 드나들어 현지에 사는 마을 사람들도 놀랐다고 한다. 지난해 7만 명이 이곳을 다녀갔다고 한다.

중국인은 관광을 즐기는 민족이다. 머지않아 중국이 세계의 심장부가 될 것으로 보고 있다. 우리나라는 중국과 가장 가까운 나라이며 중국인이 우리나라에 매력을 느끼는 것은 투자하기에 좋은 나라이고 친절하고 깨끗한 데 있다고 한다. 홍대 거리는 10년 전만 해도 문화의 거리였던 것이 지금은 관광객을 유치하기 위한 상가 거리로 변모를 해서 중국인들이 거쳐 가는 거리가 되어있다.

강남도 중국인들이 찾아와 성형수술을 받고 간다고 하며 모두가 걱정하는 것은 세계의 관광지인 제주도가 요즘은 사다도四多

島라 불릴 만큼, 경치 좋고 바다가 아름다운 곳은 중국인 손에 들어가 있다고 한다. 중국인이 5억 이상을 투자를 하면 가족 모두에게 영주권이 나오고 복지와 교육, 세금 혜택 등 우리나라 사람과 같은 혜택을 주기 때문에 투자하기 좋은 나라로 매력이 있는 나라라고 한다. 중국은 사회주의 나라라 개인 소유가 없기 때문에 이것에 더욱 귀를 기울인다. 중국 TV에서 제주도 관광선전을 하는 것을 보고 찾아와 중국인 숙소를 찾아다니며 그곳에서 머물다 간다고 한다. 외관상으로 보면 중국인이 제주도에서 외화를 뿌리고 가는 것 같아도 사실은 중국인들 간에 장사를 하고 있다고 한다. 우리가 눈여겨봐야 하는 것은 밴쿠버에 중국인들이 투자를 많이 하고 밴쿠버 본토 사람들은 돈이 없어 외지로 밀려나 살기가 힘들어 지금은 중국인 불매운동을 벌이는 실정이라고 한다. 우리도 살기 좋은 곳으로 기네스북에 올라간 제주도가 중국의 손에 들어가는 것을 안 보려면 국가가 정신을 차려야 한다. 밴쿠버라는 도시는 연중 기온이 영하의 날씨가 없고 살기 좋은 도시라고 한다. 중국인이 토지의 50% 이상 투자를 했다고 한다. 세계에서 집값이 가장 비싸며 외국인 영주권이 생기고 20년 만에 폐지를 시켰다고 한다. 우리나라도 위기가 오기 전에 정치인들이 정신줄을 꼭 잡고 행동하지 않으면 이렇게 되지 않으리라는 법이 없다.

정장림 수필집

이게 나인 걸

인쇄 2015년 09월 21일
발행 2015년 09월 24일

지은이 정장림
발행인 서정환
펴낸곳 좋은수필사
주소 서울시 종로구 삼일대로 32길 36(익선동 30-6) 운현신화타워 305호
전화 (02) 3675-5633, (063) 275-4000 · 0484
팩스 (063) 274-3131
이메일 sina321@hanmail.net essay321@hanmail.net
출판등록 제300-2013-133호
인쇄 · 제본 신아출판사

ISBN 979-11-5605-257-9 03810
값 13,000 원

「이 도서의 국립중앙도서관 출판예정도서목록(CIP)은 서지정보유통지원시스템 홈페이지(http://seoji.nl.go.kr)와 국가자료공동목록시스템(http://www.nl.go.kr/kolisnet)에서 이용하실 수 있습니다.(CIP제어번호: CIP2015025029)」

Printed in KOREA